Gonglu Suidao Yanghu Guanli Shouce

公路隧道养护管理手册

塔城公路管理局　组织编写

人民交通出版社股份有限公司

北京

内 容 提 要

本书内容包括公路隧道养护基础知识、养护管理、土建结构养护、机电设施维护、其他工程设施维护、运营安全等,并附有公路隧道养护管理用表、定期检查报告编制范本、应急预案编制及公路隧道管理系统用户手册。

本书适用于公路隧道养护管理人员、技术人员及其他从业人员参考使用,也可作为技术人员自学和培训教材。

图书在版编目(CIP)数据

公路隧道养护管理手册/塔城公路管理局组织编写
. —北京:人民交通出版社股份有限公司,2021.2
ISBN 978-7-114-16908-3

Ⅰ.①公… Ⅱ.①塔… Ⅲ.①公路隧道—公路养护—手册 Ⅳ.①U459.2-62

中国版本图书馆 CIP 数据核字(2020)第 205031 号

书　　名:公路隧道养护管理手册
著 作 者:塔城公路管理局
责任编辑:袁　方　杨　思
责任校对:孙国靖　魏佳宁
责任印制:刘高彤
出版发行:人民交通出版社股份有限公司
地　　址:(100011)北京市朝阳区安定门外外馆斜街3号
网　　址:http://www.ccpcl.com.cn
销售电话:(010)59757973
总 经 销:人民交通出版社股份有限公司发行部
经　　销:各地新华书店
印　　刷:北京虎彩文化传播有限公司
开　　本:787×1092　1/16
印　　张:10.75
字　　数:219 千
版　　次:2021 年 2 月　第 1 版
印　　次:2024 年 1 月　第 3 次印刷
书　　号:ISBN 978-7-114-16908-3
定　　价:86.00 元

《公路隧道养护管理手册》
编委会

主 编 单 位：塔城公路管理局

编 委 会 主 任：徐卫宾　巴贵春

编委会副主任：徐玉春　马建云

编 委 会 委 员：(按姓氏笔画排序)

丁　立　王守玲　王韶华　王世刚　申　强

孙　海　刘迎洲　朱　岷　闫永飞　吴荣桂

杜文凯　张　鹏　郭　奕　韩　燕

主　　　　编：徐卫宾　巴贵春

副　主　　编：徐玉春　马建云

主要编写人员：周　丽　王守玲　石春燕　龙建军　王　涛

朱喜梅　李　洁　秦俊杰　努尔甫拉提

随着交通建设的高速发展，我国公路隧道不断增加，并相继投入运营使用。针对公路隧道的运营管理，系统总结公路隧道运营管理经验，对提高我国公路隧道管理水平，充分发挥其安全、高效的运营服务功能，避免和降低重大灾害的损失，有着重要的理论和实际意义。

2015年，塔城公路管理局养护新建高速公路368km，包括一座长隧道和一座中隧道。为适应公路隧道的安全运营需要，使隧道管养从业人员对公路隧道养护管理各方面知识有比较全面、系统、深入了解，具备从事隧道工程养护、管理的基本知识和能力，提升公路隧道养护管理水平，我们结合管养实际及现代公路隧道养护管理成熟经验，参考国家或行业最新标准规范编写本手册。

本手册从公路隧道的基础知识、养护管理组织体系职责职能、病害检测技术和维护技术、隧道事故防范等方面构建隧道安全运营的技术支撑体系，以适应隧道深层次管理的需要。全书共分四篇。第1篇介绍了公路隧道养护基础知识，包括公路隧道的定义及分类、公路隧道围岩分级、公路隧道结构组成、公路隧道检查与技术状况评定及公路隧道土建结构病害处治技术等内容；第2篇讲述了公路隧道养护管理，包括公路隧道养护管理总则、公路隧道养护管理分级、公路隧道养护管理体系、公路隧道养护管理信息化等内容；第3篇介绍了公路隧道土建结构养护、机电设施维护及其他工程设施维护等内容；第4篇介绍了公路隧道运营安全，包括公路隧道安全管理、安全分级及评价、突发事件应急处置、养护作业安全防护等内容。书后附有公路隧道养护管理用表、定期检查报告编制范本、应急预案编制及公路隧道管理系统用户手册。

在本书编写过程中，得到了铁厂沟隧道、阿尔格勒特山隧道管理单位的支持，在此表示衷心的感谢。由于编者水平有限，书中难免存在疏漏之处，敬请读者批评指正。

编　者
2020年10月

第1篇　公路隧道养护基础知识

第2篇　公路隧道养护管理

第3篇　公路隧道养护

第4篇　公路隧道运营安全

附　　录

公路隧道养护基础知识

第1章 公路隧道的定义及分类

第 1 节　公路隧道的定义

1970 年世界经济合作和发展组织（Organization for Economic Cooperation and Development，OECD）隧道会议从技术方面将隧道定义为：以任何方式修建，最终使用于地表面以下的条形建筑物，其空洞内部净空断面在 2m² 以上者均为隧道。交通隧道是应用最广泛的一种隧道，其作用是提供交通运输和人行通道，以满足交通线路畅通的要求，一般包括公路隧道、铁路隧道、水底隧道、地下铁道、航运隧道、人行隧道等。公路隧道是专供汽车运输的通道。

第 2 节　公路隧道的分类

公路隧道的修建在改善交通设施技术状态、缩短运行距离、提高运输能力、减少事故等方面起到了重要的作用。从不同的角度区分，可得出不同的隧道分类方法，公路隧道的分类详见表 1-1-1。当隧道埋深较浅，上覆岩（土）体较薄，难采用暗挖法施工时，应采用明挖法来开挖隧道。用这种明挖法施工修筑的隧道结构称为明洞。

公路隧道的分类　　　　　　　　　　　　　　　　表 1-1-1

分类方法	类　别
按地层分类	岩石隧道、土质隧道
按所处位置分类	山岭隧道、城市隧道、水底隧道
按施工方法分类	钻爆法（新奥法）隧道、明挖法隧道、盾构法隧道、沉埋法隧道、掘进机法隧道
按埋置深度分类	浅埋隧道、深埋隧道
按断面形式分类	圆形隧道、马蹄形隧道、矩形隧道
按车道数分类	单车道隧道、双车道隧道、多车道隧道
按长度 $L(\text{m})$ 分类	特长隧道：$L > 3000$ 长隧道：$1000 < L \leqslant 3000$ 中隧道：$500 < L \leqslant 1000$

续上表

分类方法	类　别
按长度 $L(\text{m})$ 分类	短隧道: $L \leqslant 500$
按横断面面积 $A(\text{m}^2)$ 分类	极小断面隧道: $2 < A \leqslant 3$ 小断面隧道: $3 < A \leqslant 10$ 中等断面隧道: $10 < A \leqslant 50$ 大断面隧道: $50 < A \leqslant 100$ 特大断面隧道: $A > 100$

隧道钻爆法施工包括传统矿山法和新奥法。新奥法——新奥地利隧道施工法,是奥地利隧道工程师腊布希维1963年首先提出的。它是以控制爆破为主要掘进手段,以喷射混凝土和锚杆为主要支护措施,通过监测控制围岩的变形,动态修正设计参数和变动施工方法的一种隧道施工方法。其核心内容是充分发挥围岩的自承能力。

掘进机法施工包括隧道掘进机法和盾构掘进机法。前者应用于岩石地层;后者则主要应用于土质围岩,尤其适用于软土、流沙、淤泥等特殊地层。

沉埋法施工则是用来修建水底隧道、地下铁道、城市市政隧道等,以及埋深很浅的山岭隧道。

第2章　公路隧道围岩分级

公路隧道作为土木工程的一种地下结构体系，与建筑在地面的结构有着明显的差异，主要表现为存在的环境和力学作用机理等方面。地下结构体系是由周边围岩和支护结构所共同组成并相互作用的结构体系，其中以围岩（地层）为主。公路隧道周边围岩在很大程度上是地下结构承载的主体，支护仅用来约束地层，不使它产生过大的变形而破坏、坍塌。

公路隧道所穿过的地层是千变万化的，可能遇到各种各样的地质现象，工程性质也会有所不同。隧道围岩分级是评价隧道围岩稳定性的重要参数，也是公路隧道支护方案设计和施工工艺确定的主要依据。正确划分隧道围岩分级直接影响公路隧道施工和运营安全。

我国公路隧道以铁路隧道围岩分级的标准为基础，参考了国内外有关围岩分级的成果，提出了适合我国公路隧道实情的围岩分级标准，主要考虑的影响围岩稳定性的因素有岩体的结构特征与完整性、岩石强度、围岩基本质量指标 BQ、地下水等。

公路隧道将围岩分为六级，表 1-2-1 给出了各级围岩的主要定性特征和围岩基本质量指标 BQ 或修正值 [BQ]。

公路隧道围岩分级　　　　　　　　　　　　　　　表 1-2-1

围岩级别	围岩或土体主要定性特征	围岩基本质量指标（BQ）或修正的围岩基本质量指标 [BQ]
I	坚硬岩，岩体完整，巨整体状或巨厚层状结构	>550
II	坚硬岩，岩体较完整，块状或厚层状结构	451~550
II	较坚硬岩，岩体完整，块状整体结构	451~550
III	坚硬岩，岩体较破碎，巨块（石）碎（石）状镶嵌结构	351~450
III	较坚硬或较软硬岩层，岩体较完整，块状体或中厚层结构	351~450
IV	坚硬岩，岩体破碎，碎裂结构	251~350
IV	较坚硬岩，岩体较破碎~破碎，镶嵌碎裂结构	251~350
IV	较软岩或软硬岩互层，且以软岩为主，岩体较完整~较破碎，中薄层状结构	251~350
IV	土体： (1)压密或成岩作用的黏性土及砂性土； (2)黄土（Q_1、Q_2）； (3)一般钙质、铁质胶结的碎石土、卵石土、大块石土	—

续上表

围岩级别	围岩或土体主要定性特征	围岩基本质量指标(BQ) 或修正的围岩基本质量指标[BQ]
V	较软岩,岩体破碎;软岩,岩体较破碎～破碎;极破碎各类岩体。碎、裂状、松散结构	≤250
	一般第四系的半干硬至硬塑的黏性土及稍湿～潮湿的碎石土,卵石土、圆砾、角砾土及黄土(Q_3、Q_4)。非黏性土呈松散结构、黏性土及黄土呈松软结构	—
VI	软塑状黏性土及潮湿、饱和粉细砂层、软土等	—

公路隧道围岩分级表1-2-1中"围岩级别"和"围岩或土体主要定性特征"栏,不包括特殊地质条件的围岩,如膨胀性围岩、多年冻土等。层状岩层的层厚划分为:层厚大于0.55m,为厚层;层厚0.1～0.5m,为中厚层;层厚小于0.1m,为薄层。

第3章 公路隧道结构组成

公路隧道结构由主体结构和附属结构两部分组成。主体结构是为了保持围岩体的稳定和行车安全而修建的人工永久建筑物,通常是指洞身衬砌和洞门构造物。附属结构是主体结构以外的其他建筑物,如通风设施、照明设施、通信设施、防排水结构、消防设施及智能控制系统等。公路隧道的结构组成详见表1-3-1。

公路隧道的结构组成   表1-3-1

隧道分部	各 部 组 成
土建结构	洞口、洞门、衬砌、路面、检修道、排水系统、吊顶及各种预埋件、内装饰、交通标志、标线等
机电设施	供配电设施、照明设施、通风设施、消防设施、监控与通信设施等
其他工程设施	电缆沟、设备洞室、洞外联络通道、洞口限高门架、洞口绿化、消音设施、减光设施、污水处理设施、洞口雕塑、隧道铭牌、房屋设施等

第 1 节 公路隧道土建结构

公路隧道土建结构主要包括洞门构造物、洞身衬砌、防水与排水设施、路面和内装结构。公路隧道土建结构横断面图如图1-3-1所示。

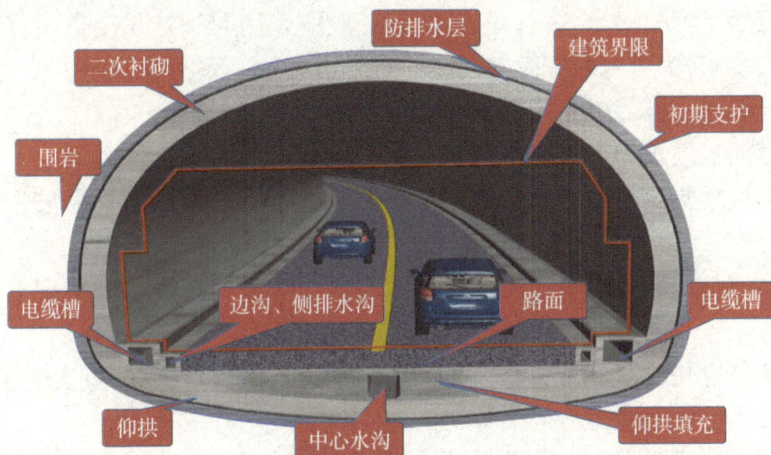

图1-3-1 公路隧道土建结构横断面图

7

（1）洞门构造

洞门是公路隧道两端的外露部分，也是联系洞内衬砌与洞口外路堑的支护结构。其作用是保证洞口边仰坡的稳定和安全，引离地表流水。为了保护岩土体的稳定和确保行车安全，应根据实际情况，选择合理的洞门形式，公路隧道常用的洞门形式主要有端墙式、翼墙式和削竹式（环框式）、遮光棚式，如图 1-3-2 ～图 1-3-5 所示。

图 1-3-2　端墙式洞门

图 1-3-3　翼墙式洞门

图 1-3-4　削竹式洞门

图 1-3-5　遮光棚式洞门

设置洞门后，为防止岩土体有碎石滚落，一般应采用明洞接长隧道。公路隧道在照明上有较高的要求，为了处理好驾驶人在通过隧道时的一系列视觉上的变化，有时考虑在入口一侧设置减光棚等减光构造物（图 1-3-5）。

公路隧道洞口建筑的尺寸应符合下列要求：

①洞口仰坡地脚至洞门墙背应有不小于 1.5m 的水平距离，以防仰坡土石掉落到路面上，危及安全。

②洞门端墙与仰坡之间水沟的沟底与衬砌拱顶外缘的高度不应小于 1.0m，以免落石破坏拱圈。

③洞门墙顶应高出仰坡脚 0.5m 以上，以防水流溢出墙顶，也可防止掉落土石弹出。

④洞门墙身的厚度最小不得小于 0.5m。

⑤为了保证公路隧道建筑物稳固，洞门墙基础埋入土质地基的深度不应小于 1m，嵌入岩石地基的深度不应小于 0.5m。

⑥根据公路工程一般设置基础的经验，要求基底设在冻结线以下不小于0.25m(冻结线是指当地最大的冻结深度)。

(2)洞身衬砌

在隧道工程中，支护结构通常分为初期支护(一次支护)和永久支护(二次支护、二次衬砌)。初期支护是为了保证施工的安全、加固岩体和阻止围岩的坍塌而设置的支护措施，常用的形式有型钢拱架支撑、格栅钢拱架支撑、锚喷支护等。二次支护是为了保证隧道使用的净空和结构的安全而设置的永久性衬砌结构，常用的永久衬砌形式有整体衬砌、复合式衬砌、拼装衬砌及喷锚衬砌4种，其中复合式衬砌是隧道工程常采用的衬砌形式。下面对常用的喷锚衬砌和复合式衬砌做简要介绍。

①喷锚衬砌。

喷锚衬砌[图1-3-6a)]是指锚杆支护和喷射混凝土支护共同形成的一种组合结构，一般在Ⅲ级以下较软围岩中采用时，可实现柔性支护，控制围岩有充分的变形，同时，较大限度释放地应力荷载。在层状围岩中，其结构面或产状可能形成不稳定的危石，应加入锚杆支护，通过联结使用和组合原理保护和稳定围岩，并通过喷射混凝土表面封闭，使围岩、锚杆和喷射混凝土形成一个稳定的承载结构。

②复合式衬砌。

复合式衬砌[图1-3-6b)]是指型钢拱架或格栅拱架、锚杆、初期喷射混凝土、二次衬砌混凝土组成的一种组合支护结构。它既能够充分发挥锚喷支护的优点，又能发挥二次衬砌永久支护的可靠作用。初期支护是控制围岩在施工期间的有害变形，达到围岩的暂时稳定；二次支护则是提供结构的安全储备或承受后期围岩压力。复合式衬砌的设计，目前以工程类比为主，理论验算为辅，其设计参数见表1-3-2。

隧道衬砌是一种超静定结构，衬砌断面的轴线应当尽量与断面压力曲线重合，使各截面主要承受压应力。衬砌各截面厚度随所处地质条件和水文地质条件不同而有较大变化，一般不应小于《公路隧道设计规范　第一册　土建工程》(JTG 3370.1—2018)规定的最小厚度(表1-3-3)。

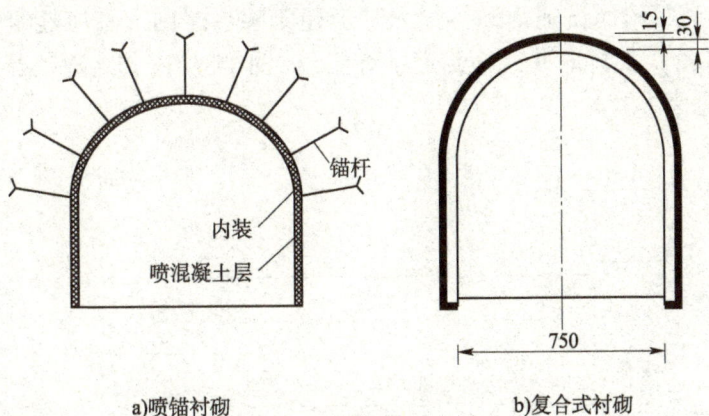

a)喷锚衬砌　　　　　　　　b)复合式衬砌

图1-3-6　喷锚衬砌与复合式衬砌(尺寸单位：cm)

两车道隧道复合式衬砌的设计参数　　　　表1-3-2

围岩级别	初期支护								二次衬砌厚度（cm）	
	喷射混凝土厚度（cm）		锚杆			钢筋网间距（cm）	钢架			
	拱部、边墙	仰拱	位置	长度（m）	间距（m）		间距（m）	截面高（cm）	拱、墙混凝土	仰拱混凝土
I	5	—	局部	2.0	—	—	—	—	30	
II	5～8	—	局部	2.0～2.5	—	—	—	—	30	
III	8～12	—	拱、墙	2.0～3.0	1.0～1.5	局部 @25×25	—	—	35	
IV	12～15	—	拱、墙	2.5～3.0	1.0～1.2	拱、墙 @25×25	拱、墙 1.0～1.2	12～16	35	35
V	15～25	—	拱、墙	3.0～4.0	0.8～1.2	拱、墙 @20×20	拱、墙、仰拱 0.8～1.0	16～20	45	45
VI	通过试验、计算确定									

衬砌截面最小厚度（单位:cm）　　　　表1-3-3

建筑材料种类	隧道和明洞衬砌			洞门端墙、翼墙和洞口挡土墙
	拱圈	边墙	仰拱	
混凝土	20	20	20	30
片石混凝土	—	—	—	50

（3）公路隧道建筑限界

为保证公路隧道内交通的正常运行和安全,任何部件包括隧道本身的通风、照明、安全、监控及内装等附属设施均不得侵入隧道建筑限界之内。隧道建筑限界由行车道宽度 W、侧向宽度 L、人行道 R 或检修道 J 等组成（图1-3-7）,公路隧道建筑限界横断面组成最小宽度见表1-3-4。

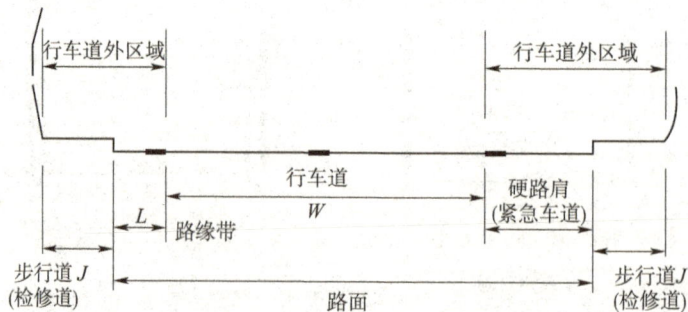

图1-3-7　公路隧道限界宽度组成部分

公路隧道建筑限界横断面组成最小宽度(单位:m)　　表1-3-4

公路等级	设计速度(km/h)	车道宽度W	侧向宽度L		人行道R	检修道J		隧道建筑限界净宽		
			左侧	右侧		左侧	右侧	设检修道	设人行道	不设检修道和人行道
高速公路、一级公路	120	3.75×2	0.75	1.25		0.75	0.75	11.0		
	100	3.75×2	0.5	1.00		0.75	0.75	10.50		
	80	3.75×2	0.5	0.75		0.75	0.75	10.25		
	60	3.50×2	0.5	0.75		0.75	0.75	9.75		
二级、三级、四级公路	80	3.75×2	0.75	0.75	1.00				11.0	
	60	3.50×2	0.5	0.5	1.00				10.0	
	40	3.50×2	0.25	0.25	0.75				9.0	
	30	3.25×2	0.25	0.25						7.50
	20	3.00×2	0.25	0.25						7.0

注:1.三车道隧道除增加车道数外,其他宽度同本表,增加车道的宽度不得小于3.5m。

　2.连拱隧道的左侧可不设检修道或人行道,但应设50cm(120km/h、100km/h)或25cm(80km/h、60km/h)的余宽。

　3.设计速度120km/h时两侧检修道宽度均不宜小于1.0m,设计速度100km/h时右侧检修道宽度不宜小于1.0m。

(4)隧道的防水与排水

水,不仅是影响公路隧道正常施工的因素之一,也是影响公路隧道正常运营的重要因素之一。为避免和减少水的危害,公路隧道工作者总结出"截、堵、排相结合"的综合治水原则,并以模筑混凝土衬砌作为防水(堵水)的基本措施。

截水措施:在地表水上游设截水导流沟;地下水上游设泄水洞或洞外井点降水。堵水措施:喷射混凝土堵水、塑料板堵水、混凝土衬砌堵水;当水量大、压力大时,则可采取注浆堵水,注浆既可以堵水也可以起到加固围岩的作用。

公路隧道内的排水措施:利用盲沟、泄水管、渡槽、中心排水沟或排水侧沟等,将水排出洞外(图1-3-8)。一般均采用排水沟方式,排水沟类型主要有中心排水沟和路侧排水沟。在严寒地区应设置防冻水沟,如图1-3-9所示。排水沟断面通常为矩形,以便于清理和检查。沿隧道纵向在适当间隔处应设置检查坑和汇水坑,但不应设在车道中心。

(5)内装结构

为了确保行车安全,在公路隧道中必须采取措施,使墙面亮度在长期的运营中保持在必要的水平以上,墙面须用适当的材料加以内装处理,以改善隧道内的光环境,提高能见度和吸收噪声。内装的作用,包括美化洞室、使公路隧道漏水不露出墙面、隐藏各种管线、提高照明和通风效果、吸收噪声等。

提高墙面的反射率,可以增加照明效果,因此,内装材料表面应当光滑、平整和明亮,装修材料应具有不易污染、易清洗、耐刷、耐腐蚀、耐高温、便于更换或修复等特点(图1-3-10)。

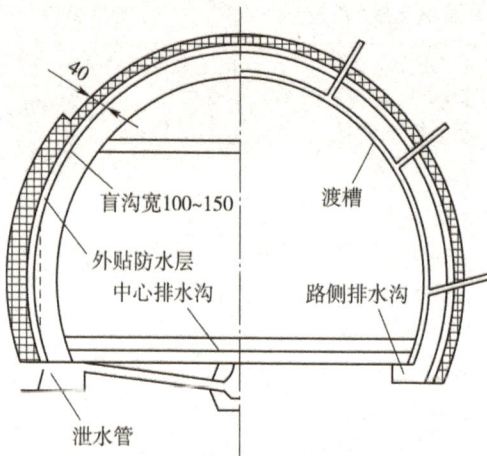

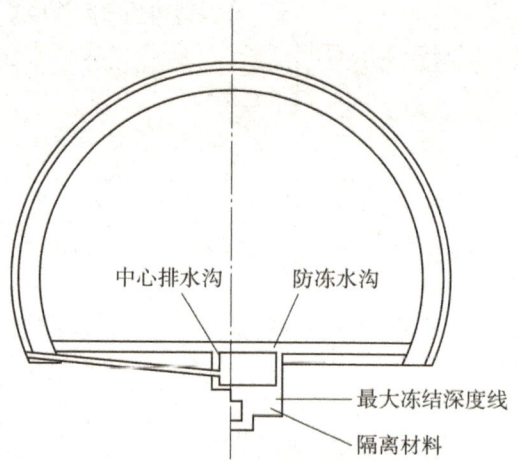

图1-3-8　排水盲沟、泄管、渡槽、路侧排水沟
（尺寸单位：cm）

图1-3-9　中心排水沟、防冻水沟

a)

b)

图1-3-10　阿尔格勒特山隧道内装

（6）公路隧道内路面

公路隧道内的路基结构应具有足够的承载力，尤其要求在有丰富地下水的条件下也能满足要求，这就要求隧道有良好的排水设施。衬砌背后应设置盲沟和导水管，在车道板下面铺设透水性好的路基材料，必要时设置仰拱。在确定公路隧道纵坡时保证排水沟排水顺畅，保证路面有1%～1.5%的横坡等。

公路隧道内路面应具有足够强度和耐久性，路面材料还应具有抗侵蚀能力。因为车辆在隧道内的减速及制动次数较高，对路面横向抗滑要求更高，以确保车体横向稳定。

公路隧道内环境差，交通组织困难，因此，对路面的要求是容易修补。

公路路面漫反射率高、颜色明亮，才能获得良好的照明效果。为了及时发现路面障碍物，确保路面标线可视性良好，路面与车道分隔线等交通标志之间应保证有明显的亮度对比和鲜明的颜色对比。为了改善路面亮度，需要在面层加入石英和铝的混合物，有的加入浅色石子和氧化钛作填充料，以提高路面亮度（图1-3-11）。

图 1-3-11　阿尔格勒特山隧道沥青混凝土路面

（7）公路隧道交通安全设施

公路隧道交通安全设施包括护栏、遮阳棚、振颤设施（减速带）、隔离封闭设施、视线诱导设施及其他安全防护设施。其他安全防护设施有锥形交通标、路栏、移动性施工标志、警示灯具、安全作业服（安全帽）等。

第 2 节　公路隧道机电系统

公路隧道机电系统分别由 12 个子系统组成，即中央监控系统、供配电系统、交通控制系统、通风系统、照明系统、闭路电视系统、紧急电话系统、有线广播系统、无线广播系统、环境监测系统、火灾报警系统及消防供水系统，如图 1-3-12、图 1-3-13 所示。

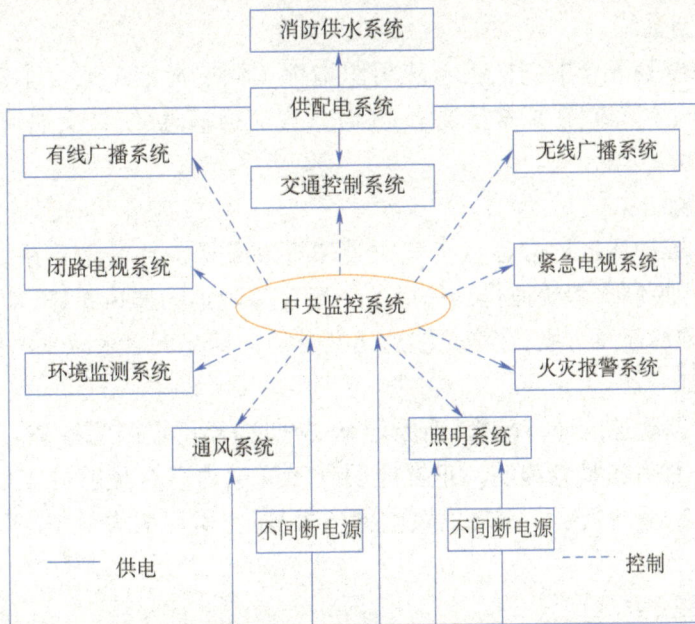

图 1-3-12　公路隧道机电系统及供配电、控制网络图

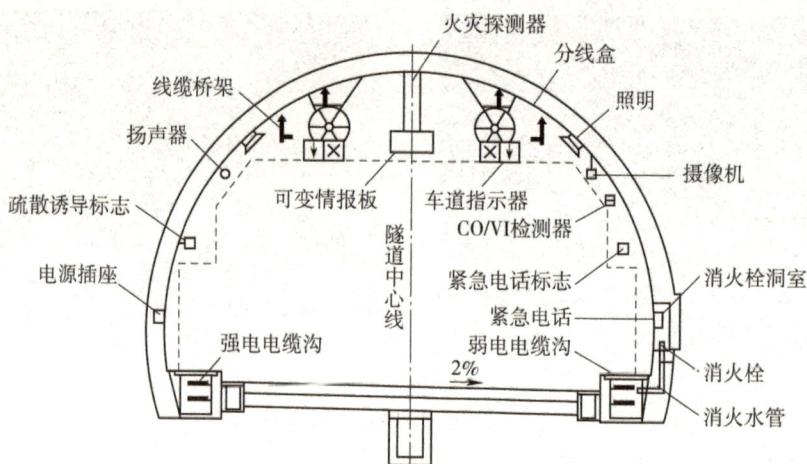

图 1-3-13　公路隧道机电设施组成图

（1）中央监控系统

中央监控系统能及时准确协助管理人员进行指挥调度,尽快排除险情,恢复隧道交通。该系统还能连续及时提供设备运行的有关资料、报表,集中分析后作为设备管理的决策依据,从而提高设备的整体安全水平。此外,通过结合实际运营优化处理,可实现自动控制、简化操作程序,节约能源消耗。

（2）供配电系统

公路隧道供配电系统可靠性是洞内外所有设备正常运营的基本保证,是公路隧道安全运营的关键所在。公路隧道供电一般要求有外接电源和一套自备电源,在外接电源发生故障的情况下,自备柴油发电机组可运转发电。

（3）交通控制系统

交通控制系统是配合中央监控系统组织指挥车辆按指定车道及车速行驶,在发生事故及灾害时,疏导车流,在正常情况下,实时采集交通信息,统计交通流量的现代化监控系统。

（4）通风系统

通风系统是维护隧道正常运营空气质量和隧道通行条件的重要系统,在公路隧道发生火灾时,起到控制火势快速排烟作用。一般公路隧道的通风系统,应根据隧道的实际情况,采取合理的通风方案,在满足隧道运营环境的情况下尽量减少消耗。

（5）照明系统

为了提高公路隧道的通行能力,确保行车安全,需要设置照明系统。公路隧道的照明系统分为正常照明和紧急照明。正常照明保障隧道内具有足够的亮度和照度,满足隧道内驾乘人员的通行需要。在隧道发生紧急事故、正常照明失效情况下,紧急照明为隧道提供照明。

（6）闭路电视系统

闭路电视系统是安全技术防范体系中的一个重要组成部分,主要对隧道出、入口及隧道内的交通流量、车流密度及道路使用状况进行监视。可以通过遥控摄像机及其辅助设备(镜头、云台等)直接观看被监视场所的一切情况,可以实现对被监测场所的情况实时监控。

(7)紧急电话及有线广播系统

紧急电话系统是为求助者提供紧急救援的专用系统,在公路隧道发生事故或者车辆抛锚时能提供公路紧急通信业务,同时也是监控系统收集道路上车辆故障及事故信息,监控道路运行情况的主要工具。

有线广播系统是利用金属导线或光导纤维所组成的传输分配网络,将广播节目直接传送给用户接收设备的区域性广播系统。

(8)环境监测系统

环境监测系统监测公路隧道内车辆通行环境质量及条件,主要由 CO(一氧化碳)、VI(能见度)和 TW(风速风向)检测装置以及微处理器等设备组成。连续检测到的数据传递给监控中心计算机,可供隧道管理人员掌握隧道内环境状况。中心计算机利用预先编制的不同通风控制模式,实施对风机(射流风机、轴流风机)进行自动控制。

(9)火灾报警系统

火灾报警系统随时监察各探测器及模块的工作情况。一旦发生火情苗头,各防火区域和消防中心同时收到报警信号,并自动联动有关消防、路政等部门的设备,同时向上一级管理部门发出火灾警报报告,使所有消防保护区域可在消防中心的统一协调下同时采取灭火措施,将火灾扑灭于早期阶段。

下面主要对公路隧道供配电系统、通风系统、照明系统、消防供水系统、交通安全系统及监控系统做介绍。

(1)供配电系统

隧道作为公路上的重要组成部分,尤其是长大公路隧道,其供电系统非常重要。供配电系统主要由高、低压配电系统、箱式变电站、柴油发电机系统、配电箱控制系统组成(图1-3-14)。

a)

b)

图1-3-14 铁厂沟隧道供配电设施

①公路隧道供电要求。

a.公路隧道一级负荷的供电电源应符合下列规定：

公路隧道一级负荷应由双重电源供电。一级负荷容量不大时，应优先采用从邻近的电力系统取得第二低电源，亦可采用应急发电机组作为备用电源。对于公路隧道一级负荷中特别重要负荷，应设置不间断电源装置（UPS）或应急电源装置（EPS）作为应急电源，并不得将其他负荷接入应急供电系统。

b.公路隧道二级负荷的供电系统，宜由两回路同级电压线路供电。当一路电源中断供电时，另一路电源应能满足全部一级和二级负荷的供电要求。除一级负荷中特别重要的负荷外，不应按一个电源系统检修或发生故障的同时，另一电源也发生故障进行设计。

②电压等级选择与供电系统。

a.一般公路隧道通常用配电电压 $10/0.38kV$ 线路，特长隧道中有中部斜、竖井通风，配有 $6kV$ 大型轴流风机，此类工程应配电压为 $10/6kV$ 线路。

b.电源变压器位置应深入负荷中心，尽量缩短供电半径，降低电能损耗，节约有色金属，减少电压损失，满足供电质量要求。

c.配电系统应简单可靠，尽量减少配电级数，同一用户内，高压配电不宜多于 2 级，低压一、二级负荷配电不宜多于 3 级，三级负荷不宜多于 4 级。

（2）通风系统

通风系统主要由风机（包括轴流风机和射流风机）、监控室主控制器、隧道内区域控制器、风机电气控制柜、CO/VI 检测器、风速风向检测器等组成（图1-3-15）。

a)   b)

图1-3-15　阿尔格勒特山公路隧道通风设施

公路隧道通风控制系统对通风控制原则遵照《公路隧道照明设计细则》（JTG/T D70/2-01—2014）、《公路隧道通风设计细则》（JTG/T D70/2-02—2014）和相应的国家标准，采用 CO 和烟雾浓度 VI 作为通风控制参数，保持公路隧道内环境指标在标准范围内。横向通风和纵向通风时 CO 设计浓度取值分别见表1-3-5、表1-3-6规定，公路隧道内烟雾的设计浓度根据光源种类和公路隧道设计速度按照表1-3-7进行取值。

横向通风时 CO 设计浓度 δ　　　　　　　　　表 1-3-5

隧道长度(m)	≤1000	≥3000
δ($\times 10^{-6}$)	250	200

纵向通风时 CO 设计浓度 δ　　　　　　　　　表 1-3-6

隧道长度(m)	≤1000	≥2000
δ($\times 10^{-6}$)	150	100

烟雾设计浓度 K(单位:mL/m³)　　　　　　　　表 1-3-7

设计速度 v(km/h)	≥90	60≤ v <90	50≤ v <60	30< v <50	≤30
钠光源	0.0065	0.0070	0.0075	0.0090	0.0120*
荧光灯、发光二极管(LED)灯光源	0.0050	0.0065	0.0070	0.0075	0.0120*

注:＊此工况下应采取交通管制或关闭隧道等措施。

根据公路隧道营运过程中的交通状况,适时调整通风量,在保证交通安全的前提下,以最经济的动力给隧道提供营运条件的通风量,应符合下列要求:

①当烟雾浓度达到 0.012mL/m³ 时,应采取交通管制等措施;在隧道内进行养护维修时,现场实际烟雾浓度不大于 0.0035mL/m³。

②为增加洞内行车的舒适感,公路隧道内应不间断通风换气,其换气频率一般不低于5 次/h;对于交通量较小或特长隧道,可采用 3～4 次/h。采用纵向通风的公路隧道,公路隧道内换气风速不应低于 2.5m/s。

③公路隧道能见度测量范围为 0～15L/m。当能见度小于 5L/m 时为正常,当能见度大于 5L/m 小于 10L/m 时需要启动风机,直到能见度恢复正常,当能见度大于 10L/m 时关闭公路隧道。

公路隧道风机在监控室远程控制启动、停止及故障输出。其技术要求如下:

①隧道内所采用的射流或轴流风机要求在环境温度 250℃ 情况下,可靠运行时间≥60min。

②整套风机设备能够经受隧道洗刷车辆喷洒的水雾。

③射流风机可以反向运转,并且反向流量不小于正向流量的 95%。

④风机正向启动达到全速最长时间为 150s,反向启动达到全速最长时间为 180s。

(3)照明系统

照明系统主要为公路隧道提供必要、持续的照明环境,以确保车辆安全舒适通过隧道(图 1-3-16)。公路隧道的照明系统由隧道灯具、标志、信号灯、洞外路灯、亮度检测器和照明线路 6 部分组成。隧道内照明设施包含入口段、过渡段、中间段、紧急停车带、出口段及横通道照明设备、应急照明设备,以及洞外引导照明设备、照明控制设备。

公路隧道照明系统应满足路面平均亮度、路面亮度总均匀度、路面中线亮度纵向均匀度、闪烁和诱导性要求。隧道的光源性能要求防护等级不低于 IP65，并具有公路隧道特点的防眩装置。光源和附件应便于更换，灯具零部件要求具备良好的耐腐蚀性能，灯具安装角度应易于调整。气体放电灯的灯具功率不应低于 70%，功率因数不应小于0.85。隧道发光二极管（LED）灯具的功率因数不应小于 0.95。

a)

b)

图 1-3-16　阿尔格勒特山公路隧道照明设施

公路隧道照明监控系统采用照明组合方式可进行自动控制，根据有关标准、规范和经验提供每级控制所对应的亮度值；也可以在照明控制软件中，根据实际运营调查的情况进行参数调整，以保证节能运行。

公路隧道洞内照明灯一般采用"程控＋手控"方式。"程控"方式由隧道监控中心进行远程控制，"手控"方式由现场维护人员在隧道内各配电箱处进行人工手动操作控制。隧道照明控制应根据洞外亮度和交通量变化分级调整入口段、过渡段、出口段的照明亮度。从经济性和舒适性两方面考虑，亮度水平的降低应当不超过3∶1的水平。夜间照明标准可以适当降低，一般折减系数取 0.5。隧道照明须保证有 2 个以上独立电网供电，并能有效地自动转换。

①白天照明控制方案。

晴天：基本灯＋四组过渡灯。

多云：基本灯＋三组过渡灯。

阴雨：基本灯＋两组过渡灯。

重阴：基本灯＋一组过渡灯。

②黑夜照明控制方案。

前半夜：基本灯（包括基本灯兼作诱导灯）（左右侧）＋路灯。

后半夜：基本灯（包括基本灯兼作诱导灯）（左或右侧）＋路灯。

黎明：基本灯（包括基本灯兼作诱导灯）（左右侧）＋路灯。

（4）公路隧道消防供水系统

公路隧道消防供水系统由给水消防系统、防火设施系统、斜/竖井通风逃生系统及火灾报警系统组成，通常应该建立消防设施登记表（表1-3-8）。

公路隧道消防设施登记表　　　　　　　　　　　表1-3-8

隧道名称	长度(m)	桩号、消防设施	备　注

　　消防供水系统设备包括室外消火栓、室内消火栓、水成膜泡沫灭火装置、灭火器等(图1-3-17)。在隧道电缆槽中布置环状消防主干管网,隧道洞口设置供水深井、低位蓄水池、消防加压泵。洞口以上适当高度设置高位蓄水池,隧道管理单位配备专用消防车辆。消防系统提供在火灾状况下隧道所需消防设备,供给隧道消防用水所需的水量及水压。

a)　　　　　　　　　　　　　　　　　　b)

图1-3-17　阿尔格勒特山公路隧道消防设施

　　①给水消防系统。

　　给水消防系统主要提供火灾状况下的隧道消防所需设备,以及供给隧道消防和冲洗用水。通常沿隧道纵向一侧每隔50m设一组消防箱。每一个消防箱包括水成膜泡沫灭火装置、干粉灭火器、给水栓和消防水带、消防水源。给水消防系统由给水管道、消防加压系统、灭火喷淋水幕、消防管道电伴热(寒区隧道)组成。

　　②防火设施系统。

　　防火设施包括防火卷帘门、电缆沟防火墙。防火卷帘门设置在隧道正洞与车行横洞和人行横洞的连接处,以便隧道内发生事故、火灾等不利情况时,通过开启车行横洞和人行横洞执行交通疏导、救援及消防灭火等方案。隧道左右两侧通常设有深0.85m、宽0.5m的电缆沟。为了防止火灾发生后,对全线电缆的损毁,通常在隧道电缆沟内每隔100m布设一道防火墙进行封堵,每个封堵宽1m。

　　③火灾报警系统。

　　公路隧道火灾报警系统由紧急电话报警系统和火灾自动报警系统两部分组成。通常隧道每隔300m有紧急电话。当隧道发生火灾或其他交通异常情况时,隧道内的驾乘人员可通过紧急电话向隧道监控室报警;公路隧道监控室也可通过闭路电视监控发现事故点,利用隧道广播系统呼叫疏导交通,并采取紧急救援措施。隧道紧急电话系统与闭路电视系统具有相互联动功能,当发生紧急电话呼叫时,摄像机会自动对准事故发生地点,及时掌握事故现场信息。

（5）交通安全系统

交通安全系统是隧道的重要组成部分,它对提高隧道的服务性能,保障行车安全和交通畅通具有重要意义。公路隧道交通监控系统主要包括设在洞口交通信号灯、车道控制标志、车行横洞诱导信号灯及车辆检测器。

公路隧道监控室可根据车辆检测器检测数据情况,通过区域控制器对交通信号系统进行控制;运用交通信息管理系统,可以在交通异常情况下提醒驾驶人注意车速,保证在各种交通情况下对车辆提供交通诱导信号,及时向道路使用者推荐最佳行车速度,以使交通流平缓,缓解道路的拥塞,确保交通的畅通。在公路隧道发生火灾或者其他事故情况下,隧道监控室可以按照预先设置的救灾预案,开启隧道内的交通信号、照明、通风、消防、语音等系统,为救灾逃生提供支援。

（6）中央监控系统

公路隧道中央监控系统由以下部分组成:

①交通与环境信息检测系统:包括 VI、CO、照度、交通参数等检测设备,为交通检测、通风控制、照明控制提供依据。

②闭路电视监视系统:用于监视隧道的交通状态,确认是否有阻塞、事故、火灾等异常发生。

③通风、照明及横通道(短隧道无)控制系统:包括风机、通风控制器、灯具及其控制设备等,用于向道路使用者提供满足规范要求的环境条件及火灾与交通阻塞时通风、照明控制。

④交通控制与诱导系统:包括车道指示器、交通信号灯、可变限速标志、可变信息标志等,通过这些外场控制设施实现隧道内交通流诱导与阻塞排除。

⑤火灾自动报警系统:包括手动火灾报警与自动火灾报警,用于探测火灾,以便及时采取救援措施。

⑥有线(无线)通信系统:用于隧道信息检测设施、控制设施、信息提供设施等之间的通信。

⑦广播系统:包括有线广播与无线广播,用于交通信息发布、事故或火灾时现场管理等。

⑧紧急电话系统:用于提供异常交通、火灾等语音信息。

⑨救援系统:包括消防车、救护车、故障排除车、巡逻车等,用于交通管理与救援。

⑩中央控制系统:包括监控计算机、通信计算机、监视器、大屏幕投影(或模拟地图板)等,用于中央调度、控制和管理(图 1-3-18)。

公路隧道控制系统包括硬件控制系统和消防安全子系统,主要由区域控制器、主控制器、操作员站等组成。通常控制器功能强大,可以实现隧道交通监控、照明控制、通风控制、消防安全控制和供电监测等多种功能。公路隧道消防主要通过水消防系统完成：消防恒压供水系统通过蓄水池中的水位与地面高度差确保消防供水压力；控制系统主要通过水位检测控制显示仪检测的水位，控制消防水泵的起停，确保蓄水池中的水位范围。水位检测对象主要为隧道进出口消防蓄水池，控制对象主要为消防水泵。

安全监控系统包括火灾报警系统、闭路电视系统、紧急电话及广播系统、可变信息标志系统及隧道监控室。监控系统对隧道进行实时控制和检测，可进行交通参数检测、隧道内环境参数检测、火灾报警、亮度检测、异常情况处理、闭路电视监视、交通信息发布及系统日常运行操作，对交通数据及其他各种参数进行汇总、统计、打印，并向上级管理分中心传输必要的数据和图像信号等。公路隧道监控室主要设备包括计算机系统、闭路电视设备、模拟屏、控制操作台、不间断电源、紧急电话控制台等（图1-3-19）。

图1-3-18　高速公路监控分中心　　　图1-3-19　阿尔格勒特山公路隧道监控室

第 3 节　其他工程设施

公路隧道的其他工程设施主要包括通风斜竖井、逃生通道、联络通道、环保设施、风机房、房屋设施等。设置的目的是更好地发挥隧道的作用，更好地服务于过往的车辆。

第4章 公路隧道检查与技术状况评定

第 1 节　公路隧道土建结构检查

公路隧道的检查是为了掌握隧道的现状,发现对隧道安全和功能有影响的病害,为隧道进行合理养护管理收集和积累资料,建立公路隧道养护维修的数据库;为决策提供基础数据,以便尽早采取防治病害的措施,确保隧道安全畅通。公路隧道的检查分为经常检查、定期检查、应急检查和专项检查,公路隧道土建结构检查工作流程如图 1-4-1 所示,公路隧道土建结构各类检查内容及检查频率见表 1-4-1。

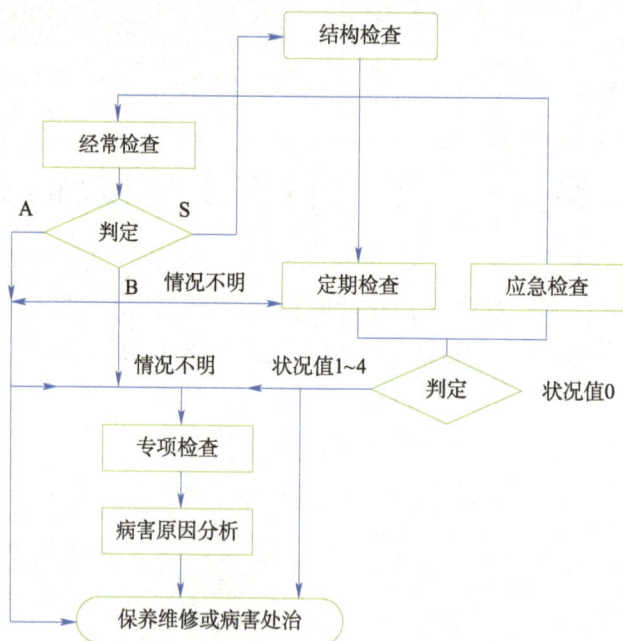

图 1-4-1　公路隧道土建结构检查工作流程图

注:英文字母"A、B、S"分别代表判定结果。"A"-严重异常,需要采取处理措施;"B"-一般异常,需进一步检查或观测/异常情况不明;"S"-情况正常。

（1）经常检查

按照公路隧道养护等级,隧道土建结构经常检查频率应不低于表 1-4-2 规定的频率。在雨季、冰冻季节或极端天气情况下，或发现严重异常情况时，应提高经常检查的频率。

公路隧道土建结构检查内容及检查频率　　　　　　　　　表 1-4-1

检查类别	检查内容	检查频率
经常检查	对土建结构的外观状况进行日常巡视检查	应不少于 1 次/月，在雨季或冰冻季节应增加日常检查的频率
定期检查	对土建结构的技术状况进行全面检查	不少于 1 次/年，新建隧道应交付使用 1 年时进行首次定期检查
应急检查	在公路隧道遭遇自然灾害，发生交通事故或出现其他异常事件后，对遭受影响的结构进行详细检查	突发事件发生后，根据实地情况安排应急检查
专项检查	根据定期检查和应急检查的结果，对于需要进一步查明缺损或病害的详细情况的公路隧道，进行更深入的专门检测、分析等工作	无固定的周期，根据情况需要随时实施

公路隧道土建结构经常检查频率表　　　　　　　　　表 1-4-2

检查分类	养护等级		
	一级	二级	三级
经常检查	1 次/月	1 次/2 月	1 次/季度

经常检查宜采用人工与信息化手段相结合的方式，配以简单的检查工具进行（图 1-4-2），应当现场填写"公路隧道土建结构检查记录表"（见附录 A3 表 A3-1），翔实记述检查项目的缺损类型，估计缺损范围和程度以及养护工作量，对异常情况做出缺损状况判定分类，并提出相应的养护措施。

a)　　　　　　　　　　　　　　　　　　b)

图 1-4-2　公路隧道土建结构经常检查

经常检查以定性判断为主，检查内容和判定标准宜按表 1-4-3 执行。经常检查破损状况判定分三种情况：情况正常、一般异常、严重异常。当经常检查中发现隧道存在一般异常情况时,应进行监视、观测或做进一步检查;当经常检查中发现公路隧道存在严重异常情况时,应采取措施进行处治;当对其产生原因及详细情况不明时,尚应做定期检查或专项检查。

公路隧道土建结构经常检查内容和判定标准 表1-4-3

项目名称	检查内容	判定标准	
		一般异常	严重异常
洞口	边(仰)坡有无危石、积水、积雪;洞口有无挂冰;边沟有无淤塞;构造物有无开裂、倾斜、沉陷等	存在落石、积水、积雪隐患,洞口局部挂冰,构造物局部开裂、倾斜、沉陷,有妨碍交通的可能	坡顶落石、积水漫流或积雪崩塌;洞口挂冰掉落路面;构造物因开裂、倾斜或沉陷致剥落或失稳;边沟淤塞,已妨碍交通
洞门	结构开裂、倾斜、沉陷、错台、起层、剥落;渗漏水(挂冰)	侧墙出现起层、剥落;存在渗漏水或结冰,尚未妨碍交通	拱部及其附近部位出现剥落;存在喷水或挂冰等,已妨碍交通
衬砌	结构裂缝、错台、起层、剥落	衬砌起层,且侧壁出现剥落状况,尚未妨碍交通,将来可能构成危险	衬砌起层,且拱部出现剥落状况,已妨碍交通
	渗漏水	存在渗漏水,尚未妨碍交通	大面积渗漏水,已妨碍交通
	挂冰、冰柱	存在结冰现象,尚未妨碍	拱部挂冰,形成冰柱,已妨碍交通
路面	落物、油污;滞水或结冰;路面拱起、坑槽、开裂、错台等	存在落物、滞水、结冰、裂缝等,尚未妨碍交通	拱部落物,存在大面积路面滞水、结冰或裂缝,已妨碍交通
检修道	结构破损,盖板缺损,栏杆变形、损坏	栏杆变形、损坏,盖板缺损,结构破损,尚未妨碍交通	栏杆局部毁坏或侵入建筑限界,道路结构破损,已妨碍交通
排水设施	缺损、堵塞、积水、结冰	存在缺损、积水或结冰,尚未妨碍交通	沟管堵塞,积水漫流,结冰,设施缺损严重,已妨碍交通
吊顶及各种预埋件	变形、缺损、漏水(挂冰)	存在缺损、漏水,尚未妨碍交通	缺损严重,或从吊顶板漏水严重,已妨碍交通
内装饰	脏污、变形、缺损	存在缺损,尚未妨碍交通	缺损严重,已妨碍交通
标志、标线、轮廓标	是否完好	存在脏污、部分缺失,可能会影响交通安全	基本缺失或严重缺失,影响行车安全

（2）定期检查

公路隧道管养单位应通过定期检查，系统掌握结构技术状况和功能状况，开展土建结构技术状况评定，为制订养护工作计划提供依据。

定期检查的周期应根据公路隧道技术状况确定，宜每年1次，最长不得超过3年1次。当经常检查中发现重要结构分项技术状况评定状况值为3或4时，应立即开展一次定期检查。定期检查宜安排在春季或秋季进行。新建公路隧道应在交付使用1年后进行首次定期检查（图1-4-3）。

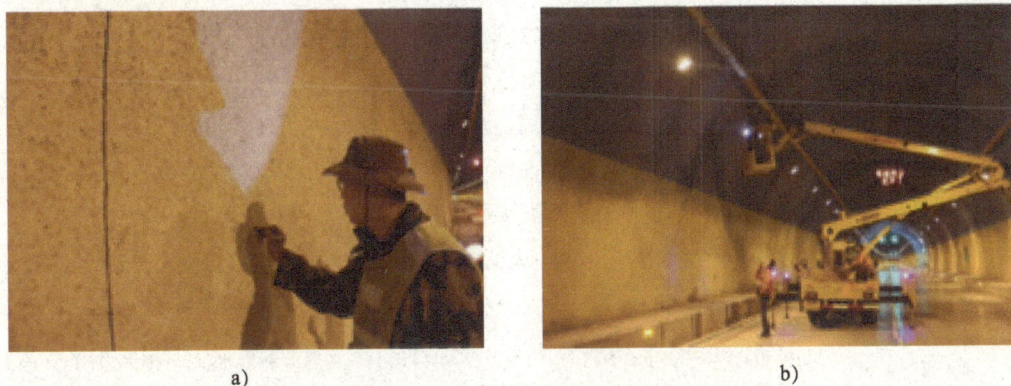

a)　　　　　　　　　　　　　　b)

图1-4-3　技术人员对公路隧道土建结构进行定期检查

定期检查需要配备必要的检查工具和设备（表1-4-4、图1-4-4），进行目测或量测检查。检查时，应尽量靠近结构，依次检查各个结构部位，注意发现异常情况和原有异常情况的发展变化；对有异常情况的结构，在其适当位置做出标记；检查结果记录宜量化。定期检查内容应按表1-4-5执行。

定期检查的必要工具和设备　　　　　　　　　表1-4-4

工具用途	工具和设备
尺寸测量	卷尺、游标卡尺、水准仪、激光断面仪等
裂缝检查	带刻度的放大镜、宽度测定尺、测针、标线、裂缝测宽测深仪等
衬砌结构检查	锤子、回弹仪、超声波仪、地质雷达等
漏水检查	pH试验纸、温度计等
路面检查	摩擦因数测定仪、平整度仪等
照明	卤素灯或目测灯、手电筒
记录	隧道展开图纸、记录本、照相机或摄像机
其他	升降设备、可移动台车、升降台车、清扫工具、交通控制标志牌等

公路隧道土建结构定期检查内容表　　　　　　　表1-4-5

项目名称	检查内容
洞口	山体滑坡、岩石崩塌的征兆及其发展趋势；边坡、碎落台、护坡道的缺口、冲沟、潜流、涌水、沉陷、塌落等及其发展趋势

项目名称	检查内容
洞口	护坡、挡土墙的裂缝、断缝、倾斜、鼓肚、滑动、下沉的位置、范围及其程度,有无表面风化、泄水孔堵塞、墙后积水、地基错台、空隙等现象及其程度
洞门	墙身裂缝的位置、宽度、长度、范围或程度
	结构倾斜、沉陷、断裂范围、变位量、发展趋势
	洞门与洞身连接处环向裂缝开展情况、外倾趋势
	混凝土起层、剥落的范围和深度,钢筋有无外露、受到锈蚀
	墙背填料流失范围和程度
衬砌	衬砌裂缝的位置、宽度、长度、范围或程度,墙身施工缝开裂宽度、错位量
	衬砌表层起层、剥落的范围和深度
	衬砌渗漏水的位置、水量、浑浊、冻结状况
路面	路面拱起、沉陷、错台、开裂、溜滑的范围和程度;路面积水、结冰等范围和程度
检修道	检修道毁坏、盖板缺损的位置和状况;栏杆变形、锈蚀、缺损等的位置和状况
排水系统	结构缺损程度,中央窨井盖、边沟盖板等完好程度,沟管开裂漏水状况;排水沟(管)、积水井等淤积堵塞、沉沙、滞水、结冰等状况
吊顶及各种预埋件	吊顶板变形、缺损的位置和程度;吊杆等预埋件是否完好,有无锈蚀、脱落等危及安全的现象及其程度;漏水(挂冰)范围及程度
内装饰	表面脏污、缺损的范围和程度;装饰板变形、缺损的范围和程度等
标志、标线、轮廓标	外观缺损、表面脏污状况,连接件牢固状况、光度是否满足要求等

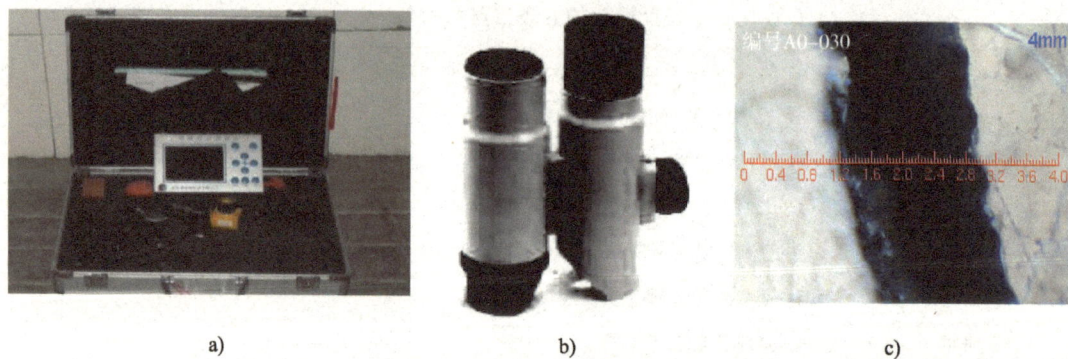

a)　　　　　　　　　　b)　　　　　　　　　　c)

图 1-4-4　公路隧道检查用工具

　　检查结果应当场填入"定期(特别)检查记录表"(见附录 A3 表 A3-2),将检查数据及病害绘入"隧道展示图"(见附录 A3 表 A3-3),发现评定状况值为 2 以上的情况,应做影像记录,并详细、准确记录缺损或病害状况,分析成因,对结构物的技术状况进行评定。当定期检查中出现状况值为 3 或 4 的项目,且其产生原因及详细情况不明时,应做专项检查。

定期检查完成后,应编制土建结构定期检查报告(见附录 B 公路隧道定期检查报告编制范本),内容应包括:

①检查记录表、公路隧道展示图及相关调查资料等;②对土建结构的技术状况评定;③对土建结构的养护维修状况的评价及建议;④需要实施专项检查的建议;⑤需要采取处治措施的建议。

(3)应急检查

公路隧道管养单位应通过应急检查,及时掌握结构受损情况,为采取对策措施提供依据;应根据受异常事件影响的结构,决定采取的检查方法、工具和设备。

应急检查的内容和方法原则上应与定期检查相同,但应针对发生异常情况或者受异常事件影响的结构或结构部位做重点检查,以掌握其受损情况。应急检查的评定标准,应与定期检查相同。当难以判明缺损的原因、程度等情况时,应做专项检查。检查结果的记录,应与定期检查相同。检查完成后,应编制应急检查报告,总结检查内容和结果,评价异常事件的影响,确定合理的对策措施。

(4)专项检查

公路隧道管养单位应通过专项检查,完整掌握隧道缺损或病害的详细资料,为对其是否实施处治以及采取何种处治措施等提供技术依据。检查的项目、内容及其要求,应根据经常检查、定期检查或应急检查的结果有针对性地确定,按表1-4-6选择执行。

公路隧道土建结构专项检查项目表　　　　　　　表1-4-6

检查项目		检查内容
结构变形检查	公路线形、高程检查	公路中线位置、路面高度、缘石高度以及纵、横坡度等测量
	公路隧道横断面检查	公路隧道横断面测量,周壁位移测量(与相邻或完好断面比较)
	净空变化检查	公路隧道内壁间距测量(自身变化比较)
裂缝检查	裂缝调查	裂缝的位置、宽度、长度、开展范围或程度等
	裂缝检测	裂缝的发展变化趋势及其速度,裂缝的方向及深度等
漏水检查	漏水调查	漏水的位置、水量、浑浊、冻结及原有防排水系统的状态等
	漏水检测	水温、pH 值检查、电导度检测、水质化学分析
	防排水系统	拥堵、破坏情况
材质检查	衬砌强度检查	强度简易测定,钻孔取芯,各种强度试验等
	衬砌表面病害	起层、剥落、蜂窝、麻面、孔洞、露筋等
	混凝土碳化深度检测	采用酚酞液检查混凝土的碳化深度
	钢筋锈蚀检测	剔凿检测法、电化学测定法、综合分析判定法
衬砌及围岩状况检查	无损检查	无损检测衬砌厚度、空洞、裂缝和渗漏水等,以及钢筋、钢拱架、衬砌配筋位置及保护层厚度、围岩状况、仰拱充填层密实程度、岩溶发育情况
	钻孔检查	钻孔测定衬砌厚度等,内窥镜观测衬砌及围岩内部状况

续上表

检查项目		检查内容
荷载状况检查	衬砌应力及拱背压力检查	衬砌不同部位的应力及其变化、拱背压力的分布及其变化
	水压力检查	在地下水丰富的隧道检查衬砌背后水压力大小、分布及变化规律

专项检查宜委托具有相应检测资质的专业机构实施(图1-4-5)。检查人员应对有关的技术资料、档案进行调查,并对隧道周围的地质及地表环境等展开实地调查。对严重不良地质地段、重大结构病害或隐患处,宜开展运营期长期监测,对其结构变形、受力和地下水状态等进行长期观测。监测频率宜取经常检查的频率,当发现监测参数在快速发展变化时,应提高观测频率。

a)   b)

图1-4-5　公路隧道土建结构专项检查

检查完成后,应编制专项检查报告,报告内容应包括:

①检查的主要经过,包括检查的组织实施、时间和主要工作过程等;

②所检查结构的技术状况,包括检查方法、试验与检测项目及内容、检测数据与结果分析以及缺损状态评价等;

③对缺损或病害的成因、范围、程度等情况的分析,及其维修处治对策、技术以及所需工程量和费用等建议。

第 2 节　机电设施检修

公路隧道机电检修是通过检查工作发现机电设施完好情况,系统掌握和评定机电设施技术状况,确定相应的养护对策或措施。机电检修工作主要内容包括经常检修、定期检修和应急检修。

(1)经常检修

公路隧道机电经常检修是指通过步行目测或使用简单工具,对设施仪表读数、运转状态或损坏情况进行检查并对检查结果定性判断,对破损零部件应及时进行维修更换。

公路隧道管养单位应严格执行机电设备巡查制度。认真按规定线路对系统设备的控制、温度、声响、气味及负荷情况进行巡视检查,重点检查设备运行有无不安全因素及事故隐患存在。当气候发生变化,机电系统运行异常时要进行特殊巡视,发现问题要及时汇报,妥善处理。机电设施的经常检修应符合下列规定:

①供配电设施日常巡查,应观察变压器、高低压配电柜及变配电室内相关设备的外观及运行状态,判断是否有外观破损、声响、发热、气味、放电等异常现象。

②照明设施日常巡查,应观察照明设备的外观及运行状态,判断有无异常。

③通风设施日常巡查,应观察通风设备的外观及运转状态,判断是否存在隐患。

④消防设施日常巡查,应观察各类消防设备的外观,并判断有无异常。

⑤监控与通信设施日常巡查,应巡检公路隧道内各种监控设备、信息采集和发布设备、监控室各类监视设备的外观和主要功能,并判断有无异常。

机电设施的日常巡查频率,高速公路应不少于 1 次/d,其他各级公路可按 1 次/(1～3)d 进行。极端天气和交通量增加较大时,应提高日常巡查的频率。日常巡查可采用人工与信息化手段相结合的方式。发现异常情况时,应予以报告,并做好记录(见附录 A2 公路隧道巡查记录表),必要时应进行拍照和摄像(图 1-4-6)。

a)　　　　　　　　　　　　　　　　b)

图 1-4-6　公路隧道机电设施日常巡检

供配电设施、照明设施、通风设施、消防设施、监控与通信设施经常检修主要项目及其检修频率应按照《公路隧道养护技术规范》(JTG H12—2015)执行。机电设施经常检修应准确记录各种设备的检查情况,建立专门的技术档案,检查记录可按附录 A7 填写。机电设施故障应准确记录,故障记录可按附录 A7 表 A7-17 填写;机电设施故障应按月填报(见附录 A7 表 A7-18)。

(2)定期检修

公路隧道机电定期检修是指通过检测仪器对机电设施运转状态和性能进行全面检查、标定和维修。机电设施定期检修应不少于 1 次/年。

定期检修主要项目及其检修频率应按《公路隧道养护技术规范》(JTG H12—2015)要求执行。机电设施定期检修应准确记录各种设备的检查情况,建立专门的技术档案,检查记录按附录A7填写。

公路隧道机电设施定期检修应配备专用电工工具和机修工具,按各种设备的操作规程和养护要求进行,并使主要性能指标符合产品说明书要求(图1-4-7)。在进行定期检修和专项工程后,应对隧道通风设施的效率进行全面测试,通风设施经检修后其通风能力应满足设计要求。

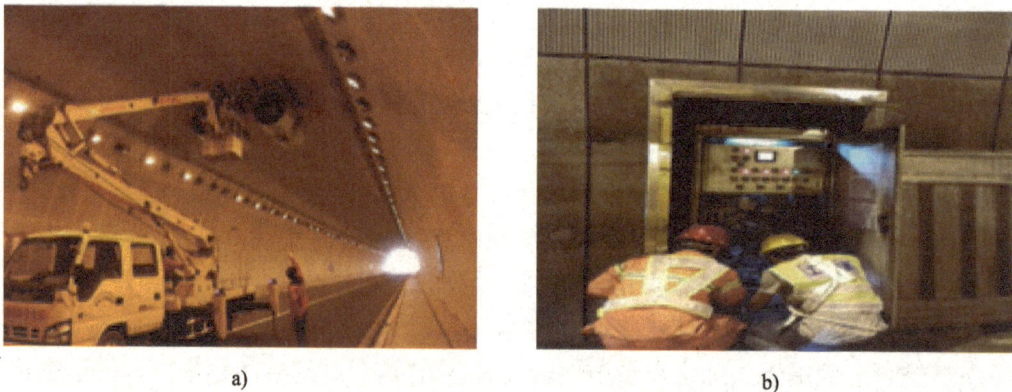

a)   b)

图1-4-7   检修公路隧道机电设施

(3)应急检修

公路隧道机电应急检修是指公路隧道内或相关机电设施发生异常事件、重大事故或自然灾害后对机电设施进行的检查和维修。应急检修的内容和方法原则上应与定期检修相同,针对发生异常情况或者受异常事件影响的设施做重点检查,编制应急检修报告,总结检查内容和结果,确定合理的对策措施。检修结果的记录应与定期检修相同。

第 3 节　其他工程设施检查

其他工程设施检查应包括发现其他工程设施的异常,掌握并判定其技术状况,确定相应的养护对策或措施。其他工程设施的检查可分为经常检查和定期检查,设备洞室渗漏水、房屋地基变形、基础沉降等异常情况可根据需要进行应急检查或专项检查。附属房屋的防雷接地装置应在每年雷雨季前后进行检查。其他工程设施日常巡查、检查评定宜与公路隧道土建结构同步进行。

日常巡查是对其他工程设施使用情况进行的日常巡视检查,应符合下列规定:

①巡查其他工程设施有无明显结构变形破坏,电缆沟、设备洞室是否存在明显涌水,洞外联络通道路面有无落物,洞口绿化区有无树木倾倒在行车限界范围内,污水处理设施有无明显淤积。

②应对洞外联络通道隔离设施进行日常巡查,保证通道隔离设施完好,通道在正常

状态下应处于封闭状态。

其他工程设施经常检查和定期检查的主要内容应按表1-4-7执行,日常巡查中发现异常应进行记录、报告或处理,按附录A2公路隧道巡查记录表填写。

其他工程设施检查的主要内容 表1-4-7

分项设施	经常检查内容	定期检查内容
电缆沟	是否完好,有无涌水	是否完好,有无杂物、积尘、积水
设备洞室	是否完好,有无渗漏水,标志是否齐全	是否完好,有无渗漏水、杂物、积尘,标志是否齐全、清晰
洞外联络通道	隔离设施是否完好,标志是否齐全,路面有无落物	隔离设施是否完好,标志是否齐全、清晰,路面是否清洁、有无隆起积水
洞口限高门架	门架有无变形,结构是否完好,标志是否齐全	结构是否完好,标志是否齐全、清晰,门架有无变形,净空误差能否满足限高要求
洞口绿化	树木是否妨碍行车,有无树木枯死	树木是否妨碍行车,有无树木枯死、草皮失养,整体绿化效果是否美观
消音设施	是否完好	是否完好,是否具备消音功能
减光设施	结构是否完好	结构是否完好,标志是否齐全清晰,减光效果是否正常
污水处理设施	是否渗漏,有无淤积	是否渗漏,有无杂物、泥沙沉积
洞口雕塑、隧道铭牌	是否存在毁损	表面是否脏污,是否存在毁损
房屋设施	承重构件有无变形,非承重墙体有无渗漏,屋面有无渗漏,楼地面、门窗是否完好	承重构件有无变形、裂缝、松动;非承重墙体有无渗漏、破损;屋面排水是否通畅、有无渗漏;楼地面、门窗是否完好;顶棚有无变形;水管、卫生、电线、照明、暖气(简称水卫、电照、暖气)等设备是否完好,能否正常使用

第 4 节 公路隧道技术状况评定

(1)公路隧道总体技术状况评定

公路隧道技术状况评定包括隧道土建结构、机电设施、其他工程设施技术状况评定和总体技术状况评定,如图1-4-8所示。

公路隧道技术状况评定应采用分层综合评定与公路隧道单项控制指标相结合的方法,先对隧道各检测项目进行评定,然后对隧道土建结构、机电设施和其他工程设施分别进行评定,最后进行隧道总体技术状况评定。

公路隧道总体技术状况评定分为1类、2类、3类、4类和5类。评定类别描述及养护对策见表1-4-8。

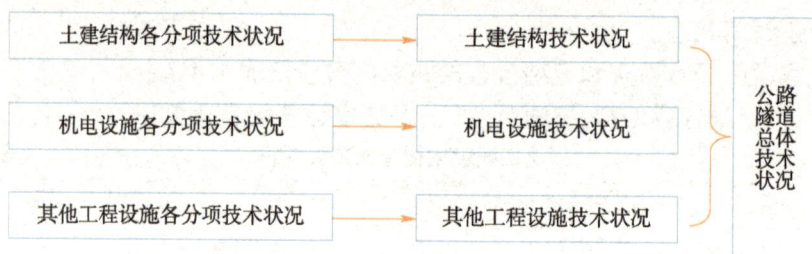

图 1-4-8　公路隧道技术状况评定体系图

公路隧道总体技术状况评定类别　　　　　　　　表 1-4-8

评定类别	技术状况评定类别描述		养护对策
	土建结构	机电设施	
1 类	完好状态。无异常情况,或异常情况轻微,对交通安全无影响	机电设施完好率高,运行正常	正常养护
2 类	轻微破损。存在轻微破损,现阶段趋于稳定,对交通安全不会有影响	机电设施完好率较高,运行基本正常,部分易耗部件或损坏部件需要更换	应对结构破损部位进行监测或检查,必要时实施保养维修;机电设施进行正常养护,应对关键设备及时修复
3 类	中等破损。存在破坏,发展缓慢,可能会影响行人、行车安全	机电设施尚能运行,部分设备、部件和软件需要更换或改造	应对结构破损部位进行重点监测,并对局部实施保养维修,机电设施需进行专项工程
4 类	严重破损。存在较严重破坏,发展较快,已影响行人、行车安全	机电设施完好率较低,相关设施需要全面改造	应尽快实施结构病害处置措施,对机电设施应进行专项工程,并应及时实施交通管制
5 类	危险状态。存在严重破坏,发展迅速,已危及行人、行车安全	—	应及时关闭隧道,实施病害处治,特殊情况需进行局部重建或改建

　　公路隧道总体技术状况评定等级应采用土建结构和机电设施两者中最差的技术状况类别作为总体技术状况的类别。公路隧道检查及技术状况评定工作流程如图 1-4-9 所示。

　　(2)土建结构技术状况评定

　　土建结构技术状况应根据定期检查资料,综合考虑洞门、结构、路面和附属设施等方面的影响,确定隧道的技术状况等级。专项检查时,宜按照规范规定对所检项目进行技术状况评定。

　　土建结构技术状况评定应分为 1 类、2 类、3 类、4 类和 5 类,评定类别描述及养护对策见表 1-4-8。评定应先逐洞、逐段对公路隧道土建结构各分项技术状况进行状况值评定,在此基础上确定各分项技术状况,再进行土建结构技术状况评定。评定结果应填入"公路隧道土建结构技术状况评定表"(见附录 A4 表)。

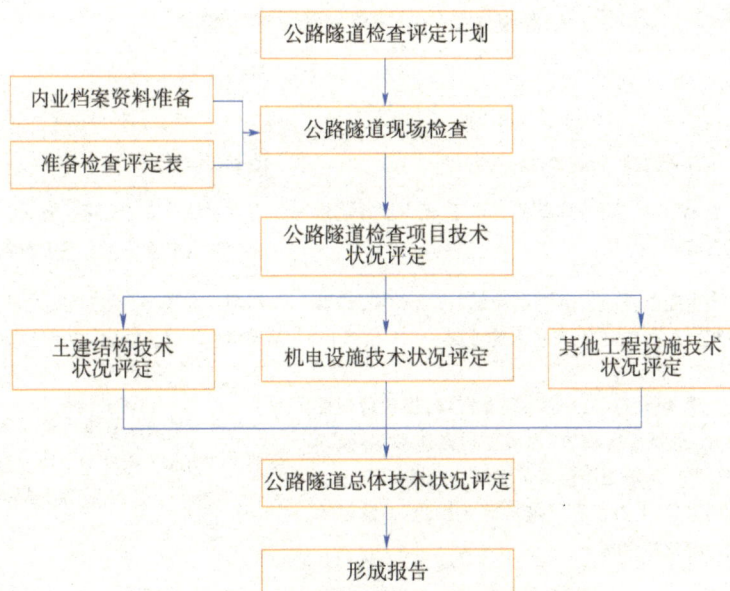

图 1-4-9　公路隧道检查及技术状况评定工作流程图

公路隧道洞口、洞门、衬砌结构、衬砌渗漏水、路面、检修道、排水设施、吊顶、内装饰、交通标志标线等各分项技术状况评定标准应按表 1-4-9～表 1-4-18 执行。

公路隧道洞口技术状况评定标准　　　　　　　　　　　　　表 1-4-9

状况值	技术状况描述
0	完好,无破损现象
1	山体及岩体、挡土墙、护坡等有轻微裂缝产生,排水设施存在轻微破坏
2	山体及岩体裂缝发育,存在滑坡、崩塌的初步迹象,坡面树木或电线杆轻微倾斜,挡土墙、护坡等产生开裂、变形,土石零星掉落,排水设施存在一定裂损、阻塞
3	山体及岩体严重开裂,坡面树木或电线杆明显倾斜,挡土墙、护坡等产生严重开裂、明显的永久变形,墙角或坡面有土石堆积,排水设施完全堵塞、破坏,排水功能失效
4	山体及岩体有明显而严重的滑动、崩塌现象,挡土墙、护坡断裂、外倾失稳、部分倒塌,坡面树木或电线杆倾倒等

公路隧道洞门技术状况评定标准　　　　　　　　　　　　　表 1-4-10

状况值	技术状况描述
0	完好,无破坏现象
1	墙身存在轻微的开裂、起层、剥落
2	墙身结构局部开裂,墙身轻微倾斜、沉陷或错台,壁面轻微渗水,尚未妨害交通
3	墙身结构严重开裂、错台,边墙出现起层、剥落,混凝土块可能掉落或已有掉落;钢筋外露,受到锈蚀,墙身有明显倾斜、沉陷或错台趋势,壁面严重渗水(挂冰),将会妨害交通
4	洞门结构大范围开裂、砌体断裂、混凝土块可能掉落或已有掉落;墙身出现部分倾斜、垮塌,存在喷水或大面积挂冰等,已妨碍交通

公路隧道衬砌破损技术状况评定标准　　　表 1-4-11

状 况 值	技术状况描述	
	外荷载作用所致	材料劣化所致
0	结构无裂损、变形和背后空洞	材料无劣化
1	出现变形、位移、沉降和裂缝,但无发展或已停止发展	存在材料劣化,钢筋表面局部腐蚀,衬砌无起层、剥落,对断面强度几乎无影响
2	出现变形、位移、沉降和裂缝,发展缓慢,边墙衬砌背后存在空隙,有扩大的可能	材料劣化明显,钢筋表面全部生锈、腐蚀,断面强度有所下降,结构物功能可能受到损害
3	出现变形、位移、沉降,裂缝密集,出现剪切性裂缝,发展速度较快,边墙处衬砌压裂,导致起层、剥落,边墙混凝土有可能掉下;拱部背面存在大的空洞,上部落石可能掉落至拱背;衬砌结构侵入内轮廓界线	材料劣化严重,钢筋断面因腐蚀而明显减小,断面强度有相当程度的下降,结构物功能受到损害;边墙混凝土起层、剥落,混凝土块可能掉落或已有掉落
4	衬砌结构发生明显的永久变形,裂缝密集,出现剪切性裂缝,裂缝深度贯穿衬砌混凝土,并且发展快速;由于拱顶裂缝密集,衬砌开裂,导致起层、剥落,混凝土块可能掉下;衬砌部背面存在大的空洞,且衬砌有效厚度很薄,空腔上部可能掉落至拱背;衬砌结构侵入建筑限界	材料劣化非常严重,断面强度明显下降,结构物功能损害明显;由于拱部材料劣化,导致混凝土起层、剥落,混凝土块可能掉落或已有掉落

公路隧道衬砌渗漏水技术状况评定标准　　　表 1-4-12

状 况 值	技术状况描述
0	无渗漏水
1	衬砌表面存在浸渗,对行车无影响
2	衬砌拱部有滴漏,侧墙有小股涌流,路面有浸渗但无积水,拱部、边墙因渗水少量挂冰,边墙脚积冰,可能会影响行车安全
3	拱部有涌流、侧墙有喷射水流,路面积水,砂土流出、拱部衬砌因渗水形成较大挂冰、胀裂,或涌水积冰至路面边缘,影响行车安全
4	拱部有喷射水流,侧墙存在严重影响行车安全的涌水,地下水从检查井涌出,路面积水严重,伴有严重的砂土流出和衬砌挂冰,严重影响行车安全

公路隧道路面技术状况评定标准　　　表 1-4-13

状 况 值	技术状况描述
0	路面完好
1	路面有浸湿、轻微裂缝、落物等,引起使用者轻微不舒适感
2	路面有局部的沉陷、隆起、坑洞、表面剥落、露骨、破损、裂缝、轻微积水,引起使用者明显的不舒适感,可能影响行车安全

续上表

状况值	技术状况描述
3	路面出现较大面积的沉陷、隆起、坑洞、表面剥落、露骨、破损、裂缝、积水严重等,影响行车安全;抗滑系数过低引起车辆打滑
4	路面出现大面积的明显沉陷、隆起、坑洞、表面剥落、露骨、破损、裂缝,出现浸水、结冰或堆冰,严重影响交通安全,可能导致交通意外事故

公路隧道检修道技术状况评定标准　　　　　　表1-4-14

状况值	技术状况描述	
	定性描述	定量描述
0	护栏、路缘石及检修道面板均完好	—
1	护栏变形,路缘石或检修道面板少量缺角、缺损,金属有局部锈蚀,尚未影响其他功能	护栏、面板、路缘石损坏长度≤10%,缺失长度≤3%
2	护栏变形损坏,螺栓松动、扭曲,金属表面锈蚀,部分路缘石或检修道面板缺损、开裂,部分功能丧失,可能会影响行人和交通安全	护栏、面板、路缘石损坏长度>10%且≤20%,缺失长度>3%且≤10%
3	护栏倒伏、严重损坏,侵入限界,路缘石或检修道面板缺损开裂或缺失严重,原有功能丧失,影响行人和交通安全	护栏、面板、路缘石缺失率>20%,缺失长度>10%

公路隧道洞内排水设施技术状况评定标准　　　　　　表1-4-15

状况值	技术状况描述
0	设施完好,排水功能正常
1	结构有轻微破损,但排水功能正常
2	轻微淤积,结构有破损,暴雨季节出现溢水,可能影响交通安全
3	严重淤积,结构较严重破损,溢水造成路面局部积水、结冰,影响行车安全
4	完全阻塞,结构严重破损,溢水造成路面积水漫流、大面积结冰,严重影响行车安全

公路隧道吊顶及预埋件技术状况评定标准　　　　　　表1-4-16

状况值	技术状况描述
0	吊顶完好
1	存在轻微变形、破损、浸水,尚未妨碍交通
2	吊顶破损、开裂、滴水,吊杆等预埋件锈蚀,尚未影响交通安全
3	吊顶存在较严重的变形、破损,出现涌流、挂冰,吊杆等预埋件严重锈蚀,可能影响交通安全
4	吊顶严重破损、开裂甚至掉落,出现喷涌水、严重挂冰,各种预埋件和悬吊件严重锈蚀或断裂,各种桥架和挂件出现严重变形或脱落,严重影响行车安全

公路隧道内装饰技术状况评定标准 表 1-4-17

状 况 值	技术状况描述	
	定性描述	定量描述
0	内装饰完好	—
1	个别内装饰板或瓷砖变形、破损,不影响交通	损坏率≤10%
2	部分内装饰板或瓷砖变形、破损、脱落,对交通安全有影响	损坏率>10%,且≤20%
3	大面积内装饰板或瓷砖变形、破损、脱落,严重影响行车安全	损坏率>20%

公路隧道交通标志标线技术状况评定标准 表 1-4-18

状 况 值	技术状况描述	
	定性描述	定量描述
0	完好	—
1	存在脏污、不完整,尚未妨碍交通	损坏率≤10%
2	存在脏污、部分脱落、缺失,可能影响交通安全	损坏率>10%,且≤20%
3	大部分存在脏污、脱落、缺失,影响行车安全	损坏率>20%

土建结构技术状况评定方法应符合下列规定:

①土建结构技术状况评分应按式(1-4-1)计算。

$$JGCI = 100 \cdot \left[1 - \frac{1}{4} \sum_{i=1}^{n} \left(JGCI_i \times \frac{w_i}{\sum_{i=1}^{n} w_i} \right) \right] \qquad (1-4-1)$$

式中:w_i——分项权重;

$JGCI_i$——分项状况值,值域 0~4。

②分项状况值应按式(1-4-2)计算。

$$JGCI_i = \max(JGCI_{ij}) \qquad (1-4-2)$$

式中:$JGCI_{ij}$——各分项检查段落状况值;

j——检查段落号,按实际分段数量取值。

③土建结构各分项权重宜按表 1-4-19 取值。

土建结构各分项权重表 表 1-4-19

分 项		分项权重 w_i	分 项	分项权重 w_i
洞口		15	检修道	2
洞门		5	排水设施	6
衬砌	结构破损	40	吊顶及预埋件	10
	渗漏水		内装饰	2
路面		15	交通标志、标线	5

④土建结构技术状况评定分类界限值宜按表1-4-20规定执行。

土建结构技术状况评定分类界限值 表1-4-20

技术状况评分	土建结构技术状况评定分类				
	1类	2类	3类	4类	5类
JGCI	≥85	≥70，<85	≥55，<70	≥40，<55	<40

⑤土建结构技术状况评定时，当洞口、洞门、衬砌、路面和吊顶及预埋件项目的评定状况值达到3或4时，对应土建结构技术状况应直接评为4类或5类。

在公路隧道技术状况评定中，有下列情况之一时，隧道土建技术状况评定应评为5类隧道：

①公路隧道洞口边仰坡不稳定，出现严重的边坡滑动、落石等现象。

②公路隧道洞门结构大范围开裂、砌体断裂、脱落现象严重，可能危及行车道内的通行安全。

③公路隧道拱部衬砌出现大范围开裂、结构性裂缝深度贯穿衬砌混凝土。

④公路隧道衬砌结构发生明显的永久变形，且有危及结构安全和行车安全的趋势。

⑤地下水大规模涌流、喷射，路面出现涌泥或大面积严重积水等威胁交通安全的现象。

⑥公路隧道路面发生严重隆起，路面板严重错台、断裂，严重影响行车安全。

⑦公路隧道洞顶各种预埋件和悬吊件严重锈蚀或断裂，各种桥架和挂件出现严重变形或脱落。

对评定划定的各类隧道土建结构，应分别采取不同的养护措施：

①1类公路隧道应进行正常养护。

②2类公路隧道或存在评定状况值为1的分项时，应按需进行维修。

③3类公路隧道或存在评定状况值为2的分项时，应对局部实施病害处治。

④4类公路隧道应进行交通管制，尽快实施病害处治。

⑤5类公路隧道应及时关闭，然后实施病害处治。

⑥重要分项以外的其他分项评定状况值为3或4时，应尽快实施病害处治。

(3)机电设施技术状况评定

机电设施技术状况评定应根据日常巡查、经常检修和定期检修资料，结合设备完好率统计，确定机电设施的技术状况等级。机电设施技术状况评定宜采用考虑机电设施各项目权重的评定方法。评定结果应填入"公路隧道机电设施技术状况评定表"(见附录A6表)。

机电设施技术状况应采用设备完好率进行评定，其计算方法应符合下列规定：

①设备完好率应按式(1-4-3)计算，各种机电设施可分系统并按对运营安全的重要度建立设备完好率考核指标。

设备完好率＝(1－设备故障台数×故障天数÷设备总台数×日历天数)×100%

$$(1-4-3)$$

②机电设施设备完好率计算中的"设备台数"可按表1-4-21考核单位进行计算。

公路隧道机电设施设备完好率考核单位　　　　　表 1-4-21

分　项	设备名称	单　位
供配电设施	高压断路器柜、高压互感器与避雷柜、高压计量柜、高压隔离开关和负荷开关柜、电力变压器、箱式变电站、电力电压容器、低压开关柜、配电箱、插座箱、控制箱、综合微型计算机保护装置、直流电源、UPS 电源、EPS 电源、自备发电设施	台
	防雷装置、接地装置、变电所铁构件	个/处
	电力线缆、电缆桥架	条
照明设施	隧道灯具、洞外路灯	盏
	照明线路	条
通风设施	轴流风机及离心风机、射流风机	台
消防设施	双/三波长火焰探测器、视频型火灾报警装置、火灾报警控制器、电动机、气体灭火设施、消防车、消防摩托车	台
	点型感烟感温探测器、光纤光栅感温火灾探测系统、液位检测器、消火栓及灭火器、阀门、手动报警按钮、水泵接合器、水泵、消防水池、电光标志	个/处
	线型感温光纤火灾探测系统、水喷雾灭火设施、给水管	条
监控与通信设施	亮度检测器、能见度检测器、CO 检测器、风速风向检测器、车辆检测器、摄像机、编解码器、视频矩阵、监视器、硬盘录像机、视频交通事件检测器、本地控制器、横通道控制箱、光端机、路由器、交换机	台
	大屏幕投影系统、地图板、有线广播、紧急电话、横通道门、可变信息标志、可变限速标志、车道指示器、交通信号灯、监控室设备	个/处
	光缆、电缆	条

机电设施各分项技术状况的评定方法应符合下列规定：

①机电设施各分项技术状况评定值分为 0、1、2、3。机电设施各分项技术状况评定应按表 1-4-22 执行。

公路隧道机电设施分项技术状况评定表　　　　　表 1-4-22

分　项	状　况　值			
	0	1	2	3
供配电设施	设备完好率≥98%	93%≤设备完好率<98%	85%≤设备完好率<93%	设备完好率<85%
照明设施	设备完好率≥95%	86%≤设备完好率<95%	74%≤设备完好率<86%	设备完好率<74%
通风设施	设备完好率≥98%	91%≤设备完好率<98%	82%≤设备完好率<91%	设备完好率<82%
消防设施	设备完好率100%	95%≤设备完好率<100%	89%≤设备完好率<95%	设备完好率<89%
监控与通信设施	设备完好率≥98%	91%≤设备完好率<98%	81%≤设备完好率<91%	设备完好率<81%

②当机电设施各分项中任一关键设备的设备完好率为该分项各类设备完好率最低时，该分项技术状况按该关键设备的完好率评定。

机电设施技术状况评定方法应符合下列规定：

①机电设施技术状况评分应按式(1-4-4)计算。

$$JDCI = 100 \cdot \left(\frac{\sum\limits_{i=1}^{n} E_i w_i}{\sum\limits_{i=1}^{n} w_i} \right) \tag{1-4-4}$$

式中：E_i——按《公路隧道养护技术规范》（JTG H12—2015）要求对各分项判定设备完好率，0～100%；

w_i——各分项权重；

$\sum w_i$——各分项权重和；

JDCI——机电设施技术状况评分，0～100。

②机电设施各分项权重宜按表 1-4-23 取值。

机电设施各分项权重表　　　　　　　　　表 1-4-23

分　项	分项权重 w_i	分　项	分项权重 w_i
供配电设施	23	消防设施	21
照明设施	18	监控与通信设施	19
通风设施	19		

③机电设施技术状况评定分类界限值宜按表 1-4-24 规定执行。

机电设施技术状况评定分类界限值　　　　　表 1-4-24

技术状况评分	公路隧道机电设施技术状况评定分类			
	1 类	2 类	3 类	4 类
JDCI	≥97	≥92，<97	≥84，<92	<84

对评定划定的各类机电设施，宜分别采取不同的养护措施：

①1 类机电设施应进行正常养护。

②2 类机电设施或评定状况值为 1 的分项，应进行正常养护，并对损坏设备及时修复。

③3 类机电设施或评定状况值为 2 的分项，宜实施专项工程，并应加强日常巡查。

④4 类机电设施或评定状况值为 3 的分项，应实施专项工程，加强日常巡查，并采取交通管制措施。

⑤当各类机电设施的关键设备出现故障时，均应及时进行修复。

（4）其他工程设施技术状况评定

其他工程设施应根据各分项设施完好程度、损坏发展趋势、设施使用正常程度等检查结果，确定各分项设施状况值。其他工程设施技术状况评定标准按表 1-4-25～表 1-4-34 执行。

公路隧道设备洞室技术状况评定标准　　　　　表 1-4-25

状　况　值	技术状况描述
0	设备洞室结构完好或基本完好，无渗漏水或少量渗漏水，标志齐全清晰或部分缺失，能保障设施正常使用
1	设备洞室结构破损，洞室内渗漏水，标志缺失，影响设备正常使用，不影响交通和行人安全

状 况 值	技术状况描述
2	设备洞室结构破损严重,洞室内渗漏水严重,标志缺失,严重影响设备正常使用,可能影响交通和行人安全

公路隧道洞口联络通道技术状况评定标准　　　　　　表 1-4-26

状 况 值	技术状况描述
0	隔离设施整洁完好或基本完好,少量脏污,标志齐全或部分缺失,通道路面完好或轻微裂缝,排水基本通畅,能保障正常情况下通道处于封闭状态,紧急状况下正常～基本正常使用
1	隔离设施部分缺失、脏污严重,标志缺失,通道路面有微小沉陷、隆起,有积水,能保障正常情况下车辆不误入,紧急状况下车辆能通过
2	隔离设施缺失,通道路面有明显的隆起,积水严重,标志缺失,不能保障正常情况下通道处于封闭状态及紧急状况下车辆通过

公路隧道洞口限高门架技术状况评定标准　　　　　　表 1-4-27

状 况 值	技术状况描述
0	门架结构完好或轻微破损,外观整洁,标志基本齐全,满足限高要求
1	门架结构破损,变形较严重,标志部分缺失,净空误差大但基本满足限高要求,不影响交通安全
2	门架结构破损或整体变形,标志缺失,净空误差很大不能满足限高要求,可能影响交通安全

公路隧道洞口绿化技术状况评定标准　　　　　　表 1-4-28

状 况 值	技术状况描述
0	树木透光适度、通风良好,无枯死,草皮适时修剪,整体绿化效果美观
1	无杂草、无枯死,发现死树及时清除补种,整体绿化效果较美观
2	树木枯死、倾倒,草皮失养,严重影响洞口美观

公路隧道消音设施技术状况评定标准　　　　　　表 1-4-29

状 况 值	技术状况描述
0	完好、整洁,消音功能正常
1	存在脏污、缺失,基本具备消音功能
2	缺失、脏污十分严重,失去消音功能

公路隧道洞口减光设施技术状况评定标准　　　　　　表 1-4-30

状 况 值	技术状况描述
0	结构完好、整洁或轻微破损、脏污,标志基本齐全清晰,减光效果基本正常
1	结构局部变形、破损,标志缺失,减光效果部分丧失,不影响交通和行人安全
2	结构变形、破损严重,标志缺失,减光效果基本丧失,可能影响交通和行人安全

公路隧道污水处理设施技术状况评定标准　　　　　　表 1-4-31

状 况 值	技术状况描述
0	污水处理池和净化池不渗漏,无沉积泥沙、杂物,使用正常

续上表

状况值	技术状况描述
1	污水处理池和净化池池壁局部渗漏,沉积泥沙、杂物,影响正常使用
2	污水处理池和净化池渗漏非常严重,泥沙、杂物沉积非常严重,无法正常使用

公路隧道附属房屋技术状况评定标准　　　　　　表 1-4-32

状况值	技术状况描述
0	承重构件完好或基本完好,非承重墙体完好或少量损坏;屋面、墙体无渗漏或局部渗漏;楼地面平整完好或稍有裂缝,门窗基本完好,顶棚无明显变形,水卫、电照、暖气等设备基本完好,能正常使用或基本正常使用
1	承重构件少量损坏,非承重墙体严重损坏,屋面、墙体局部渗漏较严重;楼地面严重起砂;门窗变形较严重或部分缺失;顶棚明显变形;水卫、电照、暖气等设备损坏较严重,基本无法正常使用
2	承重构件明显损坏,非承重墙体严重损坏,屋面严重漏雨;楼地面严重起砂开裂;门窗严重变形或大部分缺失;顶棚严重变形;水卫、电照、暖气等设备严重损坏,无法正常使用

公路隧道电缆沟技术状况评定标准　　　　　　表 1-4-33

状况值	技术状况描述
0	电缆沟结构完好～基本完好,沟内无杂物、积尘积水或少量积尘积水,能保障电缆正常、基本正常使用
1	电缆沟结构破损,沟内积尘积水,影响电缆正常使用但不影响交通和行人安全
2	电缆沟结构破损严重,沟内积尘积水严重,严重影响电缆正常使用,可能会影响交通和行人安全

洞口雕塑技术状况评定标准　　　　　　表 1-4-34

状况值	技术状况描述
0	完好,整洁美观
1	破损较严重,表面脏污非常严重,影响洞口景观
2	严重破损,需更换

应根据各分项设施状况值,按表 1-4-35 的分项权重和式(1-4-5)计算技术状况分值,确定其他工程设施技术状况。多处同类分项设施应逐处评定,以分项状况值 $QTCI_i$ 最高的一处纳入技术状况评分计算公式。

其他工程设施各分项权重　　　　　　表 1-4-35

分项	分项权重 w_i	分项	分项权重 w_i
电缆沟	10	消音设施	3
设备洞室	10	减光设施	10
洞外联络通道	9	污水处理设施	4
洞口限高门架	14	洞口雕塑、隧道铭牌	2
洞口绿化	3	房屋设施	35

注:表列其他工程设施出现增项时,可根据设施的重要性,参照表列分项设施权重和其他工程设施分项技术状况评定标准,确定增项设施的权重和状况值,纳入公式进行计算。

$$QTCI = 100 \cdot \left[1 - \frac{1}{2} \sum_{i=1}^{n} \left(QTCI_i \times \frac{w_i}{\sum_{i=1}^{n} w_i} \right) \right] \tag{1-4-5}$$

式中：$QTCI$——其他工程设施技术状况评分；

$QTCI_i$——各分项设施状况值，值域为 0~2，见表 1-4-25 ~ 表 1-4-34；

w_i——各分项设施权重。

其他工程设施技术状况可分为 3 类评定，分类判断标准及界限值宜按表 1-4-36 规定执行。

其他工程设施分类判定标准及界限值 表 1-4-36

设施技术状况分类	技 术 状 态	QTCI 界限值
1 类	设施完好无异常，或有异常、破损情况但较轻微，能正常使用	≥70
2 类	设施存在破损，部分功能受损，维护后能使用，应准备采取对策措施	40~70
3 类	设施存在严重破损，使用功能大部分或完全丧失，必须停用并采取紧急对策措施	<40

对评定划分的各类设施，应分别采取不同的养护对策：

①设施技术状态为 1 类及状况值评定为 0 的分项设施，正常使用，正常养护。

②设施技术状态为 2 类及状况值评定为 1 的分项设施，观察使用，维护修理。

③设施技术状态为 3 类及评定状况值为 2 的分项设施，停止使用，尽快进行维修加固。

第5章　公路隧道土建结构病害处治技术

第 1 节　主要病害及防治措施

公路隧道的主体是人工地下结构,处于天然介质的环境中,在运营中会出现渗漏水(水害)、衬砌裂损、隧道冻害、衬砌腐蚀、震害、洞内空气污染和火灾等病害,对隧道的安全、舒适、正常运营有重要影响和威胁。在隧道规划和设计阶段要预防可能的病害、危害,进行合理设计;在隧道施工阶段要采用合理的施工工艺、方法、措施和材料,以保证施工质量;隧道运营阶段要及时检查,发现病害,分析病害成因,采用合理的整治设计和施工方法。

公路隧道病害防治原则:预防为主、早期发现、及时维护和对症下药。

公路隧道病害和灾害的检测、预警对防治十分重要,探地雷达技术、无损检测技术、自动化预警系统、信息技术的应用发挥重要的作用。

(1)公路隧道水害及其防治

公路隧道水害对隧道稳定、洞内设施、行车安全、地面建筑和隧道周围水环境产生诸多不良影响甚至威胁,影响内部结构及附属设施,降低使用寿命,严重时将危害隧道及地下工程的运营安全。因此,研究隧道水害成因,进行合理的防水技术设计,采用正确的方法、工艺进行整治,成为隧道设计、施工和养护的重要内容。

①公路隧道水害的类型。

公路隧道水害主要是指运营隧道水害,即围岩的地下水和地表水直接或间接地以渗漏或涌出的形式进入隧道内造成的危害。隧道水害的类型有隧道渗漏水和涌水、衬砌周围积水、潜流冲刷三种类型(图1-5-1、图1-5-2)。

②公路隧道水害的成因。

由于修建隧道破坏了山体原始的水系统平衡,公路隧道成为所穿过山体附近地下水集聚的通道。当隧道围岩与含水地层连通,而衬砌的防水及排水设施、方法不完善时,就必然发生隧道水害。

③公路隧道防水原则。

公路隧道防水要"防患于未然",首先从设计做起,要在水文地质调查的基础上,从工程规划、结构设计、材料选择、施工工艺等方面进行合理设计。防水设计应考虑地表水、地下水、毛细管水等的作用，以及由于人为因素引起的附近水文地质改变的影响。防水设计要遵循隧道防水原则：定级准确、方案可靠、施工简便、经济合理。《地下工程防水技术规范》（GB 50108—2008）提出：地下工程的设计和施工应遵循"防、排、截、堵相结合，刚柔并济，因地制宜，综合治理"，同时强调必须符合环境保护的要求，并采取相应措施；应采用经过试验、检测和鉴定并经实践检验质量可靠的新材料，行之有效的新技术、新工艺。

图1-5-1　公路隧道涌水

图1-5-2　公路隧道衬砌渗水

④运营公路隧道的水害整治。

表1-5-1给出了地下工程防水方案。应根据使用功能、结构形式、环境条件、施工方法及材料性能等因素，合理确定地下工程防水方案。另外，处于侵蚀性介质中的工程，应采用耐侵蚀的防水砂浆、混凝土、卷材或涂料等防水材料；结构刚度较差或受振动作用的工程，应采用柔性防水卷材或涂料等防水方案；处于冻土层的工程，当采用混凝土结构时，其混凝土抗冻融循环不得少于100次。

地下工程防水方案　　　　　　　　　　　　　　　表1-5-1

工程部位	主体				内衬砌施工缝					内衬砌变形缝、诱导缝				
防水措施	复合式衬砌	离壁式衬砌衬套	贴壁式衬砌	喷射混凝土	外贴式止水带	遇水膨胀止水带	防水嵌缝材料	中埋式止水带	外涂防水材料	中埋式止水带	外贴式止水带	可卸式止水带	防水嵌缝材料	遇水膨胀止水条
防水等级 一级	应选1种			—	应选2种			应选		应选2种				
防水等级 二级	应选1种				应选1~2种			应选		应选1~2种				
防水等级 三级	—	应选1种			应选1~2种			应选		宜选1种				
防水等级 四级	—	应选1种			应选1~2种			应选		宜选1种				

（2）公路隧道衬砌裂损及其防治

公路隧道衬砌是承受地层压力、防止围岩变形坍落的工程主体建筑物。由于形变压力、松动压力作用、地层沿隧道纵向分布及力学性态的不均匀作用、温度和收缩应力作用、围岩膨胀性或冻胀性压力作用、腐蚀性介质作用、施工中人为因素、运营车辆的循环荷载作用等，使隧道衬砌结构物产生裂缝和变形，影响隧道的正常使用。这些裂缝和变形统称为隧道衬砌裂损病害。衬砌裂损破坏了隧道结构的稳定性,降低了衬砌结构的安全可靠性,影响隧道的正常使用,甚至危及行车安全。

①公路隧道衬砌开裂的类型。

公路隧道衬砌裂缝根据裂缝走向及其和隧道长度方向的相互关系,分为纵向裂缝、环向裂缝和斜向裂缝(图1-5-3~图1-5-5)。环向工作缝裂纹,一般对于衬砌结构正常承载影响不大。拱部和边墙的纵向及斜向裂纹破坏结构的整体性,危害较大。

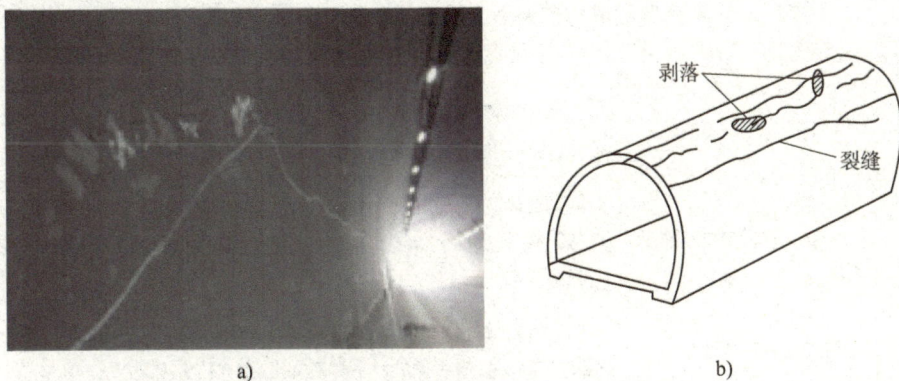

a)   b)

图1-5-3 衬砌结构纵向裂缝

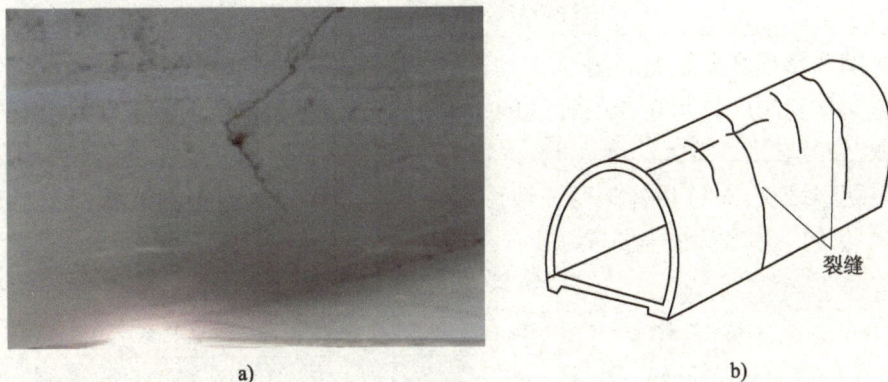

a)   b)

图1-5-4 衬砌结构环向裂缝

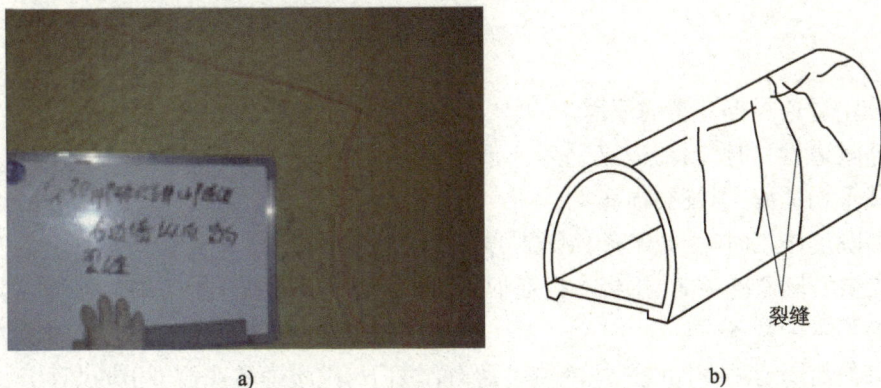

a)   b)

图1-5-5 衬砌结构斜向裂缝

按照衬砌受力变形形态和裂口特征分类,主要分为衬砌受弯张口型裂纹、内缘受挤压闭口型裂纹、衬砌受剪错台型裂纹、收缩性环向裂纹等4种,见表1-5-2。其中,以拱腰受弯张口型纵向裂纹最为常见,衬砌向内位移;相应拱顶部位发生内缘受压闭口型裂纹,向上位移。纵向和斜向裂缝,使公路隧道衬砌环向节段的整体性遭到破坏。当拱腰和边墙中部出现2条以上粗大的张裂错台,并与斜向、环向裂纹配合,衬砌被切割成小块状时,容易造成结构失去稳定,发生坍落,对运营安全威胁最大。

按公路隧道衬砌受力变形形状和裂口特征分类表　　　　表1-5-2

序　号	裂纹种类	公路隧道混凝土衬砌受力变形形态和裂口特征
1	衬砌受弯张口型裂纹	常见在拱腰部位、边墙中部,衬砌承受较大的地层压力作用,衬砌受弯向内位移,内缘拉应力超过混凝土的极限抗拉强度,而发生张口型裂纹
2	内缘受挤压闭口型裂纹	常见在对应于两拱腰发生较严重的纵向张裂内移地段的拱顶部位,出现闭口型纵裂,衬砌向上位移。其中较严重处,拱顶内缘在高挤压应力作用下发生剥落掉块
3	衬砌受剪错台型裂纹	偶见拱腰部位衬砌,在其背后局部松动滑移围岩的推力作用下,沿水平工作缝较薄弱处,有一侧的衬砌变形突出,形成错台型裂纹
4	收缩性环向裂纹	多见在隧道靠洞口地形,受气温变化影响较大,混凝土衬砌环向施工缝出现收缩性裂纹

②衬砌开裂程度分级及观测。

裂缝宽度和深度是判断开裂程度的重要依据,裂缝开裂宽度在缝口处沿垂直裂面方向量取,裂缝宽度 δ 按大小分为4级(表1-5-3)。现场测量裂缝宽度一般采用裂缝插片尺和裂缝观测仪,测量裂缝深度一般用超声波探测仪。对裂缝发展状况进行观测可采用灰块、钎钉、金属板测标法等。

裂 缝 宽 度 分 级　　　　表1-5-3

裂缝宽度 δ	裂缝分级
$\delta \leqslant 0.3mm$	毛裂缝(又叫作发丝)
$0.3mm < \delta \leqslant 2mm$	小裂缝
$2mm < \delta \leqslant 20mm$	中裂缝
$\delta > 20mm$	大裂缝

③公路隧道衬砌开裂的原因。

公路隧道设计时,因围岩级别划分不准、衬砌类型选择不当,造成衬砌结构与围岩实际荷载不相适应,引发裂损病害。

公路隧道施工时,受技术条件限制,方法不当、管理不善,造成工程质量不良,如:

a.先拱后墙法施工时,拱架支撑变形下沉,造成拱部衬砌产生不均匀下沉,拱腰和拱顶发生施工早期裂缝。

b.拱顶与围岩不密贴,在"马鞍形"受力作用下,拱腰内移张裂,相应拱顶上移,内缘受挤压。

　　c.由于施工测量放线发生差错、欠挖、模板拱架支撑变形、塌方等原因,而在施工中未能妥善处理,造成局部衬砌厚度偏薄。

　　d.过早拆除模板支撑,使衬砌承受超容许的荷载,易发生裂损。

　　e.施工质量管理不善、混凝土材料检验不力、施工配合比控制不严、水灰比过大、混凝土捣实质量不佳、拱部浇筑间歇施工形成水平状工作缝等,造成衬砌质量不良,降低承载能力(图1-5-6)。

a)　　　　　　　　　　　　　　　b)

图1-5-6　衬砌厚度不足、质量不良

　　④公路隧道衬砌开裂的预防和整治。

　　a.公路隧道衬砌开裂的预防措施。

　　加强地质勘探工作,为公路隧道衬砌结构设计提供准确的工程地质与水文地质资料。采用地质雷达探测、开挖面超前钻探等方法进行超前地质预报,加强施工中的地质复查核实工作,正确选择施工方法和衬砌断面。

　　采用先进的施工技术装备,尽量减少施工对围岩的扰动,提高衬砌质量。大力推广光面爆破、锚喷支护,提高喷锚混凝土永久性衬砌的抗裂、抗渗性能。采用模板台车模筑混凝土进行壁后压浆,提高混凝土衬砌与围岩之间的密实性。

　　b.公路隧道衬砌开裂的整治措施。

　　衬砌裂缝整修:小裂缝,又无渗水,可用水泥浆嵌补,或先凿槽然后再用1:1水泥砂浆或环氧树脂砂浆涂抹。为防止砂浆固结收缩,可在制备砂浆时加入10%～17%微膨胀剂。裂损严重,拱圈有多道裂缝,部分失去承载能力,原则上拆除重建,一般用锚网喷或喷射早强钢纤维混凝土。开裂严重,但拱圈基本形状无较大变形时,可采用素喷或网喷混凝土整治。

　　衬砌背后空洞压浆法:压浆填充拱背空隙,是改善衬砌受力状态,提高衬砌承载能力的一项必要措施。隧道压浆耗费水泥量较大,为了节省水泥和降低投资,可选用水泥粉煤灰砂浆、水泥沸石粉砂浆、水泥黏土砂浆等可灌性好、抗渗性、耐腐蚀性较好的廉价材料。

　　衬砌底板的稳定处理:底板既是传力结构又是受力结构,底板不稳定直接影响仰拱的稳定性。一般采用改建加深侧沟或增建深侧沟、更换铺底方法整治。

　　换拱、换边墙:隧道承载力模型试验证明,开裂的衬砌仍然具有一定的承载能力。即使是严重裂损错台,并出现局部侵限的衬砌,在钢拱架的临时支护下,亦可采用凿除其侵限部分,加强网喷的办法来恢复和提高承载力。

(3)公路隧道冻害及其防治

公路隧道冻害是严寒地区的隧道内水流和围岩积水冻结,引起隧道拱部挂冰、边墙结冰、洞内网线设备挂冰、围岩冻胀、衬砌胀裂、隧底冰锥、水泡冰塞、线路冻害等,影响安全运营和建筑物的正常使用的各种病害。

公路隧道冻害会导致衬砌冻胀开裂,甚至疏松剥落,造成隧道衬砌结构的失稳破坏,降低衬砌结构的安全可靠性,严重影响运输的安全和正常运行。

①公路隧道冻害类型。

a.拱部挂冰、边墙结冰;

b.围岩冻胀破坏,有隧道拱部发生变形与开裂、隧道边墙变形严重、隧道内线路冻害、衬砌材料冻融破坏、隧底冻胀和融沉等五种表现形式(图1-5-7);

c.衬砌发生冰楔;

d.洞内网线挂冰。

a)　　　　　　　　　　　　　　　　b)

图1-5-7　公路隧道围岩冻胀破坏

②公路隧道冻害的成因。

a.寒冷气温的作用:隧道冻害与所在地区气温(低于0℃或正负交替)直接相关,气温变化及冻融交替是主因。

b.季节冻结圈的形成:季节性冻害隧道中,衬砌周围冬季冻结、夏季融化范围的围岩,沿衬砌周围各最大冻结深度连成的圈叫作季节冻结圈。当衬砌周围超挖尺寸不等、超挖回填用料不当及回填密实不够产生积水,形成冻结圈。修建在多年冻土中的隧道,衬砌周围夏季融化范围的围岩,称为融化圈。公路隧道的排水设备如埋在冻结圈内,冬季易发生冰塞。

c.围岩的岩性对冻胀的影响:在隧道的季节冻结圈内非冻胀性土,不会发生冻胀性病害。因此,如果季节性冻结圈内是冻胀性土,更换为非冻胀性土是有效的整治措施。

d.公路隧道设计和施工的影响:隧道在设计和施工时,对防冻问题没有考虑或考虑不周,造成衬砌防水能力不足,洞内排水设施埋深不够、治水措施不当,施工有缺陷,都会造成和加重运营阶段隧道的冻害。

③公路隧道冻害的防治。

严寒及寒冷地区隧道冻害的防治,其基本措施是综合治水、更换或改造土壤、保温防冻、结构加强、防止融坍等,可根据实际情况综合运用。

a.综合治水:要在查明冻害地段隧道漏水及衬砌背后围岩含水情况后,采取"防、排、堵、截"综合治水措施,消除隧道漏水和衬砌背后积水。具体措施包括:加强接缝防水,防水材料要有一定抗冻性,以消除接缝漏水;完善冻害段隧道的防、排水系统,并防止冻结圈外的地下水向冻结圈内迁移(图1-5-8)。

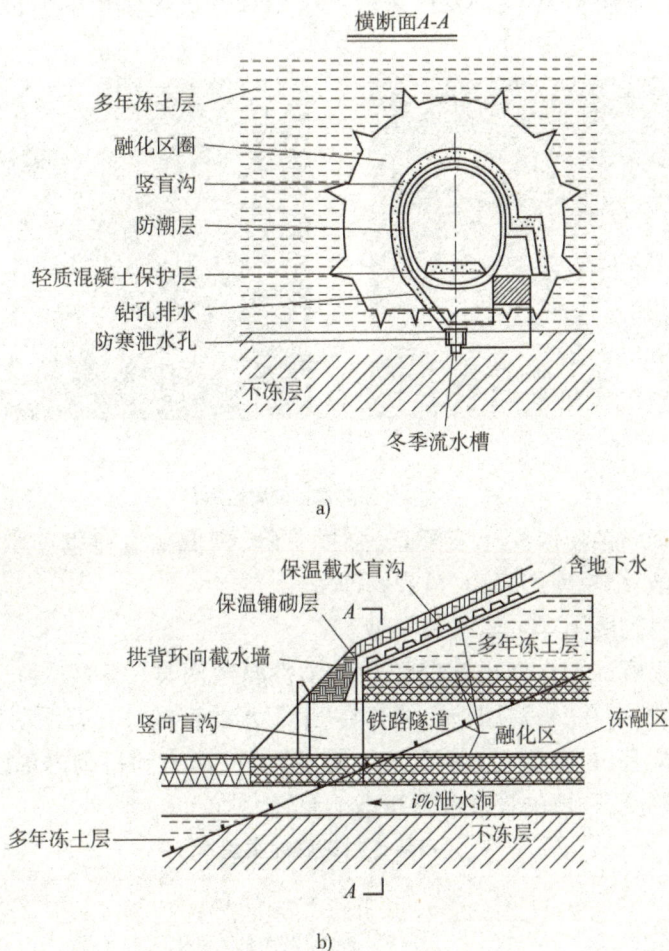

横断面A-A

多年冻土层
融化区圈
竖盲沟
防潮层
轻质混凝土保护层
钻孔排水
防寒泄水孔
不冻层

冬季流水槽

a)

保温截水盲沟
保温铺砌层
拱背环向截水墙
竖向盲沟
多年冻土层
含地下水
多年冻土层
铁路隧道
融化区
冻融区
i%泄水洞
不冻层

A

A

b)

图1-5-8　多年冻土隧道排水系统和纵断面

b.更换或改造土壤:将冻结圈内的围岩更换或改造,如将冻胀土转变为非冻胀土、透水性强的粗粒土或保温隔热材料,从而达到防治冻害的目的。

c.保温防冻:通过控制湿度,使围岩中水分达不到冰点,以达到防冻目的,方法主要有加设保温衬层、降低水的冰点、采暖防冻等。

d.结构加强:主要有防水混凝土曲墙加仰拱衬砌、防水钢筋混凝土衬砌、网喷混凝土加固等方法。

e.防止融塌:隧道洞内要防止基础融沉,可采用加深边墙至冻土上限以下或冻而不胀层;防止道床春融翻浆,可采用加强底部排水,疏干底部围岩含水或采用换土法。也可采用:加大侧向拱度,使拱轴线能更好地抵抗侧向冻胀;拱部衬砌厚度增加,一般加厚约10cm;提高衬砌混凝土强度等级或采用钢筋混凝土;隧底增设混凝土支撑。

(4)公路隧道衬砌腐蚀及其防治

公路隧道所接触的地质条件千差万别,其中有些地区富含腐蚀性介质。衬砌背后的腐蚀性环境水,容易沿衬砌的毛细孔、工作缝、变形缝及其他孔洞渗流到衬砌内侧,成为隧道渗漏水,对衬砌混凝土和砌石、灰缝产生物理性或化学性的侵蚀作用,造成衬砌腐蚀(图1-5-9)。

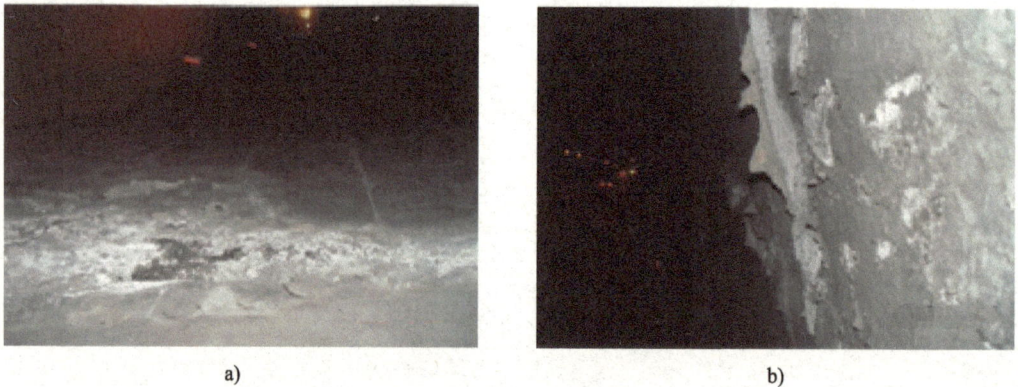

| a) | b) |

图1-5-9 公路隧道衬砌腐蚀病害

公路隧道衬砌腐蚀使混凝土变酥松,强度下降,降低隧道衬砌的承载能力,还会导致钢轨及扣件腐蚀,缩短使用寿命,危及行车安全。

①公路隧道衬砌腐蚀产生原因及类型。

公路隧道衬砌腐蚀分为物理性侵蚀和化学性腐蚀两类(表1-5-4)。产生腐蚀的三个要素:腐蚀介质的存在、易腐蚀物质的存在、地下水的存在且具有活动性。隧道衬砌腐蚀的主要影响因素有:衬砌圬工的质量和水泥的品种,渗流到衬砌内部的环境水含侵蚀性介质的种类和浓度,环境的湿度和温度等自然条件。

公路隧道衬砌腐蚀类型   表1-5-4

衬砌腐蚀分类	侵蚀类型	
物理性侵蚀	冻融交替冻胀性裂损	
	干湿交替盐类结晶性胀裂损坏	
化学性腐蚀	硫酸盐、镁盐、软水溶出性、碳酸盐、一般酸性侵蚀	弱侵蚀部位表现为隧道边墙附近表面起白斑、长白毛、表层1cm以内疏松剥落,或其外观尚完整,但用地质锤敲打表面有疏松感
		受中等侵蚀部位,混凝土表层疏松剥落厚1~2cm强度显著降低
		受强侵蚀部位,表现为隧道拱部、边墙、侧沟等渗水(干湿交替),析出芒硝、石膏结晶,结构进一步疏松、溃散、露石、脱落;或混凝土内部大量分解溶出$Ca(OH)_2$,胶结力逐步减弱,强度严重降低,结构逐步溃散

②公路隧道衬砌腐蚀防治措施。

公路隧道衬砌防腐蚀措施,应首先从搞好勘察设计着手,掌握隧道工程地质和水文地质资料,查明环境水含侵蚀性介质的来源和成分,在正确判定其对衬砌混凝土侵蚀的程度的基础上,因地制宜地采取防治措施。

a. 提高衬砌的密实度和整体性:这是提高混凝土抗侵蚀性能最主要的,也是最重要的措施。一般用集料级配法和掺外加剂法配制防水混凝土,来提高隧道衬砌的密实性和防水性。

b. 外掺加料法:可采取降低混凝土中游离的 $Ca(OH)_2$ 浓度的措施来达到抗侵蚀的目的,如掺加粉煤灰、硅粉等。

c. 选用耐侵蚀水泥:将合理选择水泥品种、优选粗细集料及级配、掺外加剂、减少用水量等措施结合起来,最大限度地提高衬砌混凝土的抗蚀性和密实性。

d. 加强衬砌外排水措施:用泄水导洞、盲沟等将地下水引至洞外,减少侵蚀性地下水与衬砌的接触。

e. 使用密实、与混凝土不起化学作用的材料,在衬砌外表面施作隔离防水层。

f. 采用与侵蚀性环境水不起化学反应的天然石料砌筑衬砌。

g. 向衬砌背后压注防蚀浆液:常用材料有阳离子乳化沥青、沥青水泥浆液等沥青类的乳液,高抗硫酸盐、抗硫酸盐水泥类浆液。

h. 防腐蚀混凝土:针对环境水侵蚀性不同介质,选用相应抗侵蚀性能较好的水泥品种,通过调整配合比,掺减水剂、引气剂,并采用机械拌和、机械振捣生产的一种密实性和整体性较高的抗腐蚀的防水混凝土。

第 2 节　土建结构病害维修技术

(1)公路隧道衬砌背面注浆技术

当围岩与衬砌存在空隙或出现偏压时,应从隧道内或地表向衬砌背面注浆,使衬砌受力均匀,有效利用衬砌强度。

根据专项检查的结果,注浆孔的布置应注意以下事项:

①当衬砌背面在拱顶附近有较多的空隙时,最佳注浆方式宜将注浆孔布置在拱顶中部。

②在单向行驶的隧道,当有车道规定时,可采取分上下线的注浆布置方式。

注入材料可使用水泥浆、水泥砂浆、加气水泥稀浆、加气水泥砂浆、双液浆,所选材料应满足以下要求:

①材料注入后体积收缩小;

②有漏水时宜选用密度大的材料;

③材料注入后,必须具有充填空隙的流动性;

④浆液的配合比应根据试验确定。

衬砌背面注浆施工,可按在衬砌上钻孔、在钻孔中安装注浆嘴注浆、封闭注浆孔的顺序进行。为防止注入浆液的流失,注浆作业时应采取以下措施:

①当浆液从衬砌施工缝、裂缝等处流出时,可采用快凝砂浆堵塞流出部位;当不能止住漏浆时,应中断注浆,待浆固结后再继续注浆。

②当浆液向注浆范围外流失时,应在注浆范围的边界设止浆墙,止浆墙的间距,一般应根据注浆的实际情况适当调整。

注浆作业应重视材料质量管理和注浆质量的施工管理。注浆作业前,一定要做好试验注浆,试验的内容包括浆液配合比、注浆孔距、注浆深度、注浆压力、维持时间等。注浆质量检查可采用钻孔取芯、超声波检测和雷达检测等方式进行。

(2)公路隧道防护网技术

当材料劣化,导致衬砌在 $2m^2$ 内开裂,为防止掉落,可在衬砌表面设置防护网,防护网的设置应注意以下事项:

①材料可采用 $\phi6$、$\phi8$ 的钢筋和其他材料,焊接成钢筋网,网眼尺寸可采用 $5cm \times 5cm$。

②施工前应凿落衬砌表面已起层、剥离等的劣化部分。

③防护网可用锚栓固定在衬砌表面上,并应固定牢靠。

④防护网可以与喷射混凝土技术联合使用。

⑤防护网必须选用耐火的材料。

(3)公路隧道喷射混凝土技术

由外荷载作用或材料劣化等引起的衬砌开裂,可采用喷射混凝土的方法进行处治。

喷射混凝土的种类应根据病害程度和施工条件等因素进行选择,其主要类型有素混凝土、钢筋网喷射水泥砂浆、钢筋网喷射混凝土、钢纤维混凝土和玻璃纤维混凝土。

喷射混凝土必须具有足够的强度和附着率。其配合比应根据处治要求和不同的材料通过试验确定。常用的喷射混凝土配合比可根据表 1-5-5 的经验数据选用,集料级配可按表 1-5-6 选用。

公路隧道病害治理喷射混凝土配合比 表 1-5-5

喷射部位	材料指标				配 合 比
	骨胶比	砂石比	砂率	水灰比	水泥中粗砂、砾石
侧墙	1~4	1:1~1:0.8	0.5~50	0.4~0.5	1:2:5~1:2
拱部					1:2:5~1:2

注:可掺速凝剂以减少喷射的回弹量;可掺钢纤维以提高强度,28d 抗压强度达 20Pa;可掺加气剂、防水密实剂或特种水泥,以抗渗漏;抗渗漏混凝土强度等级根据水头大小确定,一般采用 C40;使用级配砾石比碎石好。

公路隧道病害治理喷射混凝土集料级配 表 1-5-6

筛孔(mm)	5	10	20
累计筛余质量百分比(%)	90~100	30~60	0~5

喷射混凝土的施工注意事项：

①必须使衬砌与喷层紧密结合，形成整体，不得产生分离或脱落，必要时加联系筋。

②采用钢纤维混凝土时，应研究其可施工性和喷射效果，必要时可通过试验确定。

③当采用钢筋网喷射混凝土时，钢筋必须有恰当的保护层厚度，防止金属网锈蚀、喷层裂纹和剥落。

④当喷射混凝土作业完成后，应对喷射层进行检验，其检查项目及检查方法按表 1-5-7 的规定执行。

公路隧道锚喷支护实测项目　　　　　　　　　　　　　表 1-5-7

序　号	检 查 项 目	规定值或允许偏差	检查方法和频率
1	混凝土强度（MPa）	在合格标准内	按相关规范检查
2	锚杆拔力（kN）	28d 拔力平均值 ≥ 设计值，最小拔力 ≥ 0.9 设计值	按锚杆数 1% 做拔力试验且不小于 3 根
3	喷层厚度（mm）	平均厚度 ≥ 设计厚度；检查点的 60% ≥ 设计厚；最小厚度 ≥ 0.5 设计厚，且 ≥ 50	每 10m 检查 1 个断面，每断面从拱顶中线起每 2m 检查 1 点，用凿孔或激光断面仪、光带摄影法确定厚度

（4）公路隧道锚杆加固技术

当公路隧道围岩的松弛压力、偏压等引起隧道结构病害时，可采用锚杆进行加固。

①锚杆按固定形式可分为锚头式锚杆和黏结式锚杆。锚头式锚杆只限于硬岩和中等硬度岩层中使用，黏结式锚杆可适用于硬岩和软岩地层。

②当采用水泥砂浆锚杆时，注浆开始或中途停止超过 30min，应用水或稀水泥浆润滑注浆罐及其管路；杆体插入后，若孔口无砂浆溢出，应及时补注。

③当采用自进式锚杆时，安装前应检查锚杆中孔和钻头的水孔是否畅通，若有异物堵塞，应及时清理；锚杆灌浆料宜采用纯水泥浆，地质条件差时可灌入聚氨酯、硅树脂。

④锚杆质量的检查可做锚杆拉拔力试验。

（5）公路隧道套拱加固技术

当公路隧道或裂缝区域较大，衬砌承载能力严重不足或衬砌厚度不足，年久变质，腐蚀剥落，漏水严重，危及洞内交通安全且隧道净空富余时，可采用套拱加固的方法进行处治，其设计、施工方法应注意以下事项：

①套拱设计不得侵入建筑限界。

②为确保衬砌与套拱结合牢固，施工前应凿除衬砌劣化部分，深度一般为 8～10cm，最大不大于 15cm；衬砌内面应涂抹界面剂，并设置联系钢筋；当套拱厚度较大时，可在套拱与衬砌之间设置防水层。

③新旧拱圈间应填满水泥砂浆，必要时可加锚固钉联系。

④为保证隧道的净高符合规定，如加套拱后净高不足，可适当降低洞内路面高度。

（6）公路隧道防冻保温技术

在寒冷地区，应在衬砌表面设置防冻保温层，防止衬砌产生冻害。防冻层损坏，可用同样的轻质膨胀珍珠岩混凝土修补；无防冻层的，可在大修、改善时加筑。

公路隧道内的渗漏水应顺利排入边沟，不使路面积水结冰。对局部易冻结路段的路面，应抓住时机适时撒布防冻材料或拌砂剂。

（7）公路隧道滑坡稳定工程

采用滑坡整治方法处治病害，应符合下列要求：

①洞口段边仰坡出现裂缝，可用黏土等填实，必要时可采用锚杆加固。

②滑动面以上地层厚度不大时，可在滑动面下端设置抗滑锚固桩。

③对洞顶山体进行保护性开挖，减轻下滑力。

④在滑动面下方修筑挡土墙，进行保护性填土，土方应夯实不积水。

（8）公路隧道围岩压浆技术

采用围岩注浆压力应比静水压力大 0.5 ~ 1.5MPa。注浆材料宜采用水泥浆液、超细水泥浆液、自流平水泥浆液等。围岩注浆可采取钻孔取芯法对注浆效果进行检查，必要时进行压（抽）水试验，当检查孔的吸水量大于 1.0L/（min·m）时，必须进行补充注浆。注浆结束后，应将注浆孔及检查孔封填密实。

（9）公路隧道更换衬砌技术

采用更换衬砌方法处治病害，应符合下列要求：

①衬砌的内轮廓线必须与原衬砌内轮廓线一致。

②施工前应收集衬砌背面空洞和围岩垮塌资料，必要时可用超声波进行检测。

③拆除衬砌时，应根据围岩的地质情况及时进行支撑。

④施工时，在不影响通行的情况下，可采用简易施工台车。

（10）公路隧道渗漏水综合治理措施

当隧道渗漏水时，应根据专项检查结果和对隧道地质环境状况的分析，采用综合治理措施进行渗漏水处治。渗漏水处治方法可按表 1-5-8 的规定选用。

公路隧道渗漏水处治方法 表 1-5-8

施工方法	涌水量小		涌水量大	
	净空断面无富余	净空断面有富余	净空断面无富余	净空断面有富余
排水施工		√		√
止水施工		√		
喷涂施工	√		√	
防水板		√		
涂抹施工	√		√	
墙背注浆				√
降低水位			√	

注：√表示根据情况宜选用的处治方法。

①当公路隧道局部涌水病害时,宜采用排水法处治,排水边沟的设置间距应根据涌水量的大小和位置等情况确定。排水法可采用设置排水管和开槽埋管两种施工方法,其施工应注意以下事项:

a. 排水管道不得阻塞,排水管材料应具有抗老化性。

b. 当采用开槽埋管法时,衬砌表面可用氯丁橡胶等材料覆盖。

c. 当采用外置排水管时,可用固定装置将 U 形排水管固定在衬砌表面,将水引入并排出。

d. 外置排水管的设置不得侵入建筑限界,并严禁在设置机电设施的地方开凿排水沟槽。

e. 设置外置排水管应尽量减少对隧道外观的损坏。

②当地下水沿衬砌施工缝和裂纹以滴水形式漏出时,可用注浆止水法,包括不开槽向裂纹注浆和开槽向裂纹注浆,其施工应注意以下事项:

a. 注浆应根据现场的漏水情况,选择适合的材料和配合比。

b. 在裂纹处注浆,应选择可追随裂纹扩展的材料,如有机浆液中的水溶性聚氨酯液。

c. 在漏水情况下,应选择亲水性的止水材料。

③当涌水量小,且呈表面渗透状时,可设置防水板进行处治,防水板一般有聚氯乙烯(PVC)、聚乙烯(PE)、乙烯醋酸共聚体(EVA)、橡塑、橡胶板等,材料应具有耐热性和耐油性,施工时应注意以下事项:

a. 防水板的设置应根据隧道断面,确保规定的建筑限界。

b. 施工前应清除粉尘,并保护好电缆设施。

c. 防水板的搭接处理应牢固、不漏水。

d. 有裂纹需要观察的部位,可设置进行检查的观察窗。

④当公路隧道内出现喷射状漏水时,宜采用衬砌背面注浆的方法处治,施工时应注意以下事项:

a. 为了使注浆材料能充填背面空隙和岩体裂隙,应选择初期黏度低的注浆材料。

b. 材料固化或胶化后,应立即具有高强度、不收缩、不分离和不透水性,并充分保持稳定。

c. 使用、拌和应简单,固化或胶化时间易于调整。

d. 注浆材料严禁含有污染环境的有害物质。

e. 注浆压力可能造成裂纹的扩展,根据衬砌的抗压强度,应适当控制注浆压力。

f. 注浆后为降低地下水位,应在侧墙处设置排水孔,排水孔与水沟之间可用导管连接。

g. 当公路隧道处于含水地层中,地下水位较高,可用降低围岩地下水位的方法处治。

⑤降低地下水位可采取设置排水孔、加深排水沟、设置水平钻孔等方法排水,施工时应注意以下事项:

a. 应采用过滤性能良好的材料,防止排水孔的堵塞。

b. 应根据地下水位,确定排水沟加深的深度。

c. 排水孔和排水沟之间应有管道联系。

d. 水平钻孔的设置,必须根据围岩的地质条件和地下水的状况决定。

第2篇

公路隧道养护管理

第1章 公路隧道养护管理总则

第 1 节 公路隧道养护管理目标

公路隧道养护管理工作应按照"预防为主,防治结合,安全至上"的原则,以土建结构为中心,以机电设施为重点,加强全面养护。采取预防性、经常性的维护和维修措施,保持隧道完好工作状态并延长其使用寿命。

公路隧道养护部门应高度重视隧道养护管理工作,实行"统一领导,分级管理,事权一致,责任清晰"的原则,努力提高隧道的耐久性和安全性。

第 2 节 公路隧道养护管理内容

公路隧道养护是为保持隧道土建结构、机电设施及其他工程设施的正常使用而进行的日常巡查、清洁维护、检查评定、维修等工作。

公路隧道养护部门应严格执行隧道养护管理的各项规章制度,采取科学有效的管理手段和技术措施,对所辖公路隧道及时组织检查、检测和养护维修,确保公路畅通和隧道安全。

①保持隧道外观整洁;保证隧道内路面平整,衬砌无损坏等。

②标志、标线及轮廓标等安全设施清晰醒目;洞口、衬砌结构无开裂、错台等。

③按规定进行检查,发现问题,及时采取相应的维修措施,保证隧道处于良好技术状态。

④隧道内外排水设施保持良好,排水畅通等;人行和车行横洞清洁畅通等。

⑤定期检测洞内有害气体含量、烟雾浓度。

第 3 节 公路隧道养护管理原则

公路隧道养护管理工作必须围绕"提高隧道的通行能力和通行质量"的原则,结合公路隧道的运营基础设施,根据积累的交通资料,尽可能合理调控隧道运营管理系统,以达到安全、经济、高效的目的。

公路隧道养护工程的组织实施,应符合《公路隧道养护技术规范》(JTG H12—2015)及《公路隧道设计规范 第一册 土建工程》(JTG 3370.1—2018)、《公路隧道设计规范 第二册 交通工程与附属设施》(JTG D70/2—2014)等的有关规定;在隧道养护施工的同时,应注重运营安全和保障隧道畅通,同时兼顾经济利益。

公路隧道运营管理部门及技术人员,应积极学习新的隧道养护技术和科学的管理方法,不断提高隧道运营管理水平,改善养护生产手段,达到科学管理的目的。

第2章 公路隧道养护管理分级

第 1 节 公路隧道养护管理规定

公路隧道运营管理范围应包括土建结构、机电设施及其他工程设施。公路隧道交工后,由养护单位接收养护时,应建立隧道养护技术档案,并宜纳入公路信息化养护管理系统。应划分公路隧道养护等级,并按照等级实施养护。

①应对公路隧道进行定期检查,根据检查结果对隧道技术状况进行评定,并根据隧道交通运营状况、结构和设施技术状况以及病害程度、围岩地质条件等,制订相应的养护计划和方案。

②严格执行巡检制度,通过对隧道安全保护区域巡视、设施设备的巡检、报缺、功能性验收、应急抢险等工作,确保隧道设施设备的安全完好和保护区域在受控状态。

③通过对隧道道口 24h 管理和监控,保证信息第一时间传递,确保道口安全、畅通、整洁、完好。

④救援到位迅速、及时,操作快速、准确,服务优质、规范,过程安全、稳妥,确保隧道安全畅通。

⑤隧道内养护作业不中断交通时,应采取措施,保障安全并减少对交通的干扰。

⑥应积极而慎重地采用新技术、新材料、新设备与新工艺,使养护维修达到安全实用、质量可靠、经济合理、技术先进的要求。

第 2 节 养护管理分级

《公路隧道养护技术规范》(JTG H12—2015)规定:按公路等级、隧道长度和交通量大小,将公路隧道养护分为三个等级(表2-2-1、表2-2-2)。通过养护等级划分,实施差异化的养护标准和养护频率,可以起到合理配置养护资源的作用。

高速公路、一级公路隧道养护等级分级标准　　表 2-2-1

单车道年平均日交通量 [pcu/(d·ln)]	隧道长度(m)			
	$L > 3000$	$3000 \geqslant L > 1000$	$1000 \geqslant L > 500$	$L \leqslant 500$
≥10001	一级	一级	一级	二级
5001～10000	一级	一级	二级	二级
≤5000	一级	二级	二级	三级

二级及二级以下公路隧道养护等级分级标准　　表 2-2-2

年平均日交通量 (pcu/d)	隧道长度(m)			
	$L > 3000$	$3000 \geqslant L > 1000$	$1000 \geqslant L > 500$	$L \leqslant 500$
≥10001	一级	二级	二级	三级
5001～10000	二级	二级	三级	三级
≤5000	二级	三级	三级	三级

第3章　公路隧道养护管理体系

第 1 节　管理组织机构

公路隧道的养护管理工作实行监管单位和养护单位责任制。隧道养护、监管单位必须明确建立公路隧道养护管理工作由主要领导、分管领导、专职工程师和有关技术人员层层抓落实的工作机制,保证隧道养护管理的各项职责落到实处。公路隧道运营管理组织机构如图 2-3-1 所示。

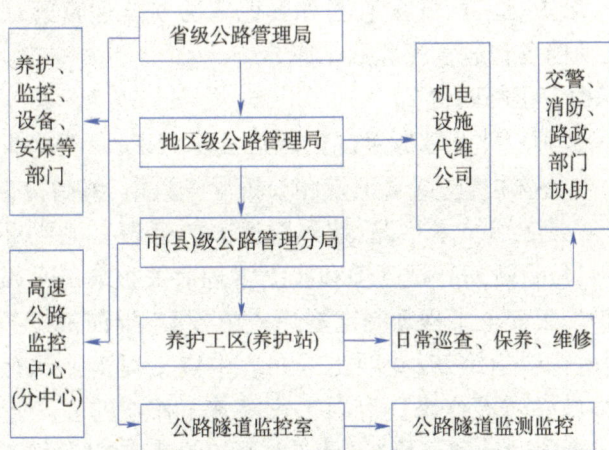

图 2-3-1　公路隧道运营管理组织机构图

公路隧道养护管理的技术工作实行隧道养护工程师制度,设置满足要求的专职养护工程师,经培训并参加考核合格后,才可持证上岗。

公路隧道养护人员实行定期培训考核制度。经有关部门审查后,按专业核发上岗证。特殊工种上岗前应作专门培训,并按当地劳动部门规定,经考核持证上岗。

(1)监管单位职责

省级公路管理局作为监管单位,负责所辖范围内长大、重要隧道的安全运营管理的领导工作,贯彻执行国家有关方针、政策、法规和制度;拟制长大、重要隧道安全运营管理办法,并组织实施;负责并监督长大隧道、重要隧道安全运营管理人员、设备、经费的落实;组织长大、重要隧道安全运营监督检查;发生重大事故时,在区域范围内及时协调和组织开展应急和救援工作。

（2）管理单位职责

地区级公路管理局是公路隧道运营管理的主体,主持或负责组织辖区内公路隧道的各项检查工作,对存在的安全隐患,及时采取有效措施进行处理;按照国家有关安全生产和公路隧道运营管理的法律、法规以及有关技术标准、规范,对隧道进行养护和管理,确保隧道安全畅通;建立健全隧道安全运营管理的规章制度,并组织落实;建立健全符合所管养隧道特点的技术安全保障体系,充分利用市场机制,吸收专业机构参与长大隧道、重要隧道的技术安全评价、监测和处置工作;负责收集、分析、整理和保存隧道勘测、设计、维护、运营、安全监测和其他有关安全运营管理的资料或数据,建立、维护隧道安全技术档案和运营管理数据库。

（3）养护单位职责

市（县）级公路管理分局（或养护工区）作为养护单位,负责对辖区内公路隧道的经常性检查,对存在的安全隐患,及时上报,并采取有效措施进行处理;按照国家有关安全生产和公路隧道运营管理的法律、法规以及有关技术标准、规范,对隧道进行养护和管理,确保隧道安全畅通;建立健全隧道安全运营管理的规章制度,并组织落实;建立健全符合所管养隧道特点的技术安全保障体系;协助地区级公路管理局收集、分析、整理和保存隧道勘测、设计、维护、运营、安全监测和其他有关安全运营管理的资料或数据,建立、维护隧道安全技术档案和运营管理数据库。

（4）公路隧道养护工程师职责

公路隧道养护工程师应熟练掌握辖区内隧道技术状况,负责组织隧道的经常检查、定期检查（图2-3-2）和特殊检查,认真记录和分析检查数据,编制检查报告;做好辖区内隧道养护工作,及时掌握隧道技术状况;按照隧道养护管理有关要求,建立健全隧道养护技术管理档案资料;负责隧道养护管理和技术管理有关报表的上报工作,确保数据的真实、准确;协助养护施工安全工程师制定隧道应急预案,提前做好各项准备工作,协助组织预案实施;负责监督隧道维修、专项工程和大中修工程实施及有关验收工作;协助养护施工安全工程师做好隧道维修及专项工程等施工作业的安全管理工作;协助部门领导编制隧道工程年度养护计划及检查计划,并组织检测实施。

a)   b)

图 2-3-2 公路隧道养护工程师对隧道进行定期检查

第 2 节　养护管理职能

隧道养护管理单位应贯彻落实《公路长大桥隧安全运营管理办法》，结合实际情况制定"公路隧道养护管理办法"及隧道专项应急预案。

为加强隧道的维护与管理，提升隧道的运营质量与效率，隧道管理单位应建立完善的维护管理制度，结合隧道的实际运营情况，依托现代信息技术，建立检测—维修—修复—检测的闭环病害处理流程，强化隧道的维护与管理，保证隧道运营的安全性。公路隧道养护管理流程如图 2-3-3 所示。

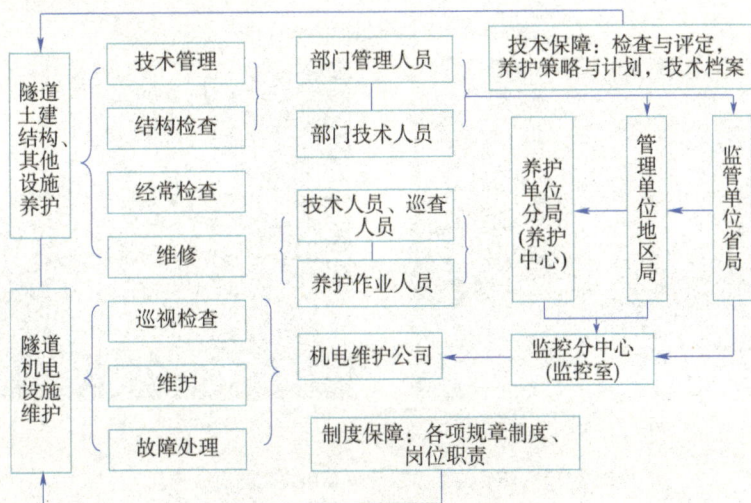

图 2-3-3　公路隧道养护管理流程图

（1）养护单位职能

公路隧道养护部门负责隧道日常巡查、路面的清扫、隧道经常性或预防性的维护和轻微破损部位的维修等工作（图 2-3-4）。具体包括：保持隧道外观整洁，及时清除隧道各部位杂物、积雪和挂冰等；隧道内外排水设施保持良好，排水畅通；维护隧道各部位的完好、通畅和清洁，及时修复和更换破损部位；保证隧道内路面平整，衬砌无损坏，保持和恢复隧道良好的技术状况；标志、标线及轮廓标等安全设施清晰醒目；洞口、洞身无松动岩石和危石。

（2）监控分中心职能

公路隧道监控室及高速公路监控分中心负责全天候严密监视隧道各系统运行情况，及时发现和处理系统运行中出现的异常情况，确保隧道正常运行（图 2-3-5）。监控室根据现场监测数据，适时控制隧道通风、照明、交通信号等设备的运行；及时发现隧道内的故障车辆和事故车辆，并通知有关部门进行处理；发现异常情况做好资料及录像备份，及时向值班领导和部门领导报告，并做好记录（见附录 A8 表）；针对隧道发生各类紧急情况，正确启动相应的应急预案，并及时向上级汇报；负责发布隧道的交通信息，为广大驾乘人员提供交通信息服务。

a)

b)

图 2-3-4　公路隧道养护维修作业

a)

b)

图 2-3-5　高速公路监控分中心和公路隧道监控室

（3）机电设施维护职能

公路隧道养护单位（或委托机电设施代维公司）负责对机电设备的日常检查和维护（图 2-3-6）。定期对机电设施进行检查与清洁，同时做好设备的通风防尘与清洁卫生，保障机电设备在最佳状态下运行。发生紧急情况时对隧道设备实施维护，并协助隧道救援工作。做好隧道机电设备的缺陷管理工作，应通过各种方式发现设备运行存在的缺陷，不能处理的缺陷要立即报告维修部门消除缺陷（简称消缺），并做好设备缺陷和消缺记录。机电设施应按应急预案定期进行联调联试。

（4）公路隧道安全管理职能

各级隧道管养单位应执行"管运行必须管安全"的原则，对运行管理活动的过程进行控制，及时消除隐患，杜绝事故发生，保证人员、设施、设备的安全和隧道的安全畅通，以实现运营无事故的安全管理目标。公路隧道突发事件的处置工作应在省级监管单位的统一领导下，由公路运营管理单位具体负责。

接到、获得公路隧道突发事件信息后，各级公路管理机构应立即逐级上报，并启动应急预案，及时、有效地开展应急处置工作。应急处置过程中，要按有关规定向省交通运输厅续报有关情况。

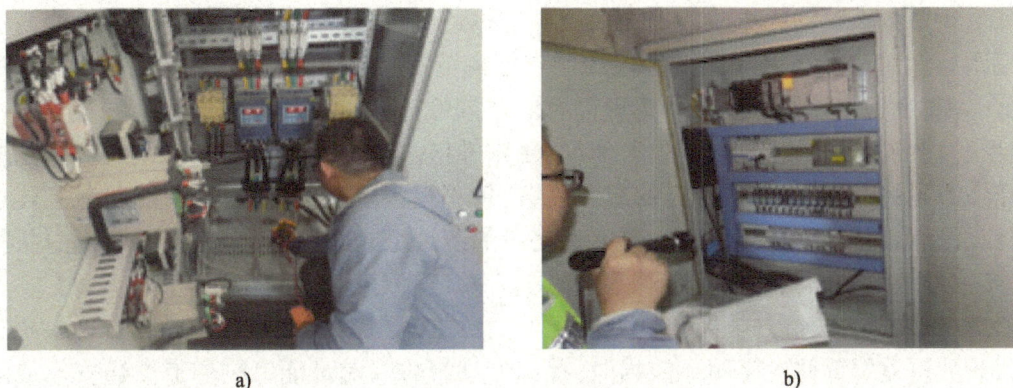

图 2-3-6　技术人员检修公路隧道机电设施

报信息的同时,应立即采取限载、限速或封闭交通等交通管理措施,并安排专人实施昼夜不间断监视观测,落实安全责任人。同时组织抢修工作,尽快恢复交通。

第 3 节　公路隧道养护技术管理

公路隧道养护技术管理的内容主要包括技术状况调查、评定及技术档案管理、隧道养护质量考核与评价等。公路隧道养护管理单位应参与隧道有关工程设施的交工和竣工验收,接收、整理和了解隧道竣工资料和工程技术档案,为养护工作提供技术依据。

（1）公路隧道养护技术管理要求

公路隧道养护管理单位应掌握运营公路隧道的基本情况,建立包含隧道交竣工资料、日常巡查、检查及评定、维修等各类资料的养护技术档案。宜建立隧道养护管理数据库,包括文字信息、数字信息和影像信息。在隧道检查中发现严重异常或缺损情况,应将拍摄影像资料录入隧道养护管理数据库,及时更新相关信息。

公路隧道养护管理部门应结合隧道养护管理数据库和检查评定结果,正确评价和掌握公路隧道技术状况,动态分析病害成因,预测病害发展趋势,制定养护处治方案,为养护工程决策提供科学依据。公路隧道发生火灾、交通事故、地震坍塌等突发事件时,隧道管养各级单位应掌握隧道运行状况,并按规定报送相关信息。隧道监管单位应定期组织隧道养护管理人员进行养护技术培训。

各级管理人员对隧道的运行管理要实施监督与指导。隧道养护单位每月进行一次工作总结和考核,隧道管理单位按季度对隧道管理工作进行考核评比和总结。

（2）公路隧道养护技术分级管理

监管单位负责全区公路隧道养护技术指导工作;组织全区隧道的特别检查和专项检查;编制下达年度隧道大中修工程计划;负责全区隧道大中修工程的项目管理;负责全区隧道技术档案的管理,包括年度隧道大中修工程计划及项目管理资料、隧道特别检查报告、专项检查报告等。

管理单位负责辖区隧道养护技术指导工作。组织辖区隧道的定期检查,配合省级公路局组织的特别检查和专项检查;编制年度隧道大中修工程建议计划;编制年度隧道小修计划;负责辖区隧道大中修工程项目的现场管理;检查、监督养护单位隧道养护工作情况及隧道养护工程师职责履行情况;制定辖区隧道突发事件应急预案及隧道的交通组织方案;参与组织辖区隧道的应急处置;负责辖区隧道技术档案的管理,包括隧道卡片记录、隧道定期检查记录、公路灾害路段的统计汇总与分析、公路技术状况分析报告、年度隧道大中修工程建议计划、年度隧道小修维护计划、隧道专项应急预案等。

养护单位建立辖区内隧道基本状况卡片,负责隧道的巡查和日常检查。日常检查中发现隧道重要部件发生明显缺损时,提出专项报告。对可能影响隧道交通安全或隧道安全的缺损提出应急处置方案并组织实施。制定辖区隧道突发事件应急预案及隧道的交通组织方案。参与辖区隧道的应急处置。负责管养隧道技术档案的管理,包括隧道卡片记录、经常检查记录、维修记录、公路灾害路段的调查、交通事故路段资料的收集、隧道专项应急预案等。

(3)公路隧道养护技术档案管理

公路隧道技术档案应以单座隧道为单元,建立包含隧道交竣工资料、日常巡查、检查及评定、维修等方面的养护技术档案。

①基础资料。

基础资料包括:隧道设计施工图及竣工图,工程地质报告;施工过程中的试验检测及科研资料;工程事故处理资料;施工全过程的结构位移或变形测试资料;观测或监测点(部件)资料;交(竣)工验收资料;隧道基本状况卡片(见附录A1表)。

②公路隧道检查资料。

公路隧道检查资料包括:隧道经常检查、定期检查、专项检查结果及其养护对策建议,以及检查的时间、实施人员等基本资料。专项检查还应包括检测(试验)方案、检测(试验)报告、照片及多媒体材料,检测(试验)方的资质证书(复印件)、业绩证明(复印件)以及主要检测人员的资格证书(复印件)等。隧道特殊检查资料主要包括地质灾害、气象灾害、超限运输、消防与救援等特殊事件的具体情况、损害程度、处治方案等。

③养护管理期档案资料。

公路隧道交付使用后形成的档案资料,包括日常养护维修的各种生产报表和台账、养护计划,各类设施的维修检查记录、养护日志,专项工程施工资料,养护机械台账,交通事故及交通流量记录等。

④事故档案管理资料。

包括公路隧道事故的经过、处置效果、损失评估、事故启示等。

第4章 公路隧道养护管理信息化

为规范公路隧道养护管理工作流程,全面提升服务质量和管理水平,塔城公路管理局于2018年委托交通运输部公路研究科学院开发了公路隧道管理系统(CTMS 2015)[其用户手册(v1.8)详见附录D],对隧道的静态基本信息、动态技术状况信息及养护实施情况进行信息化监管。

公路隧道管理系统(CTMS 2015)是实现对公路隧道基础数据登记、病害检测记录、状况评价分析和养护决策等功能的一套综合管理系统(图2-4-1)。管理人员可通过计算机(PC)端实时查阅全局隧道概况,包括隧道管养数量、地理位置分布、技术状况等级、安全运营等级等,并能导出全局隧道报表以及相关巡查、检查数据;隧道养护工程师可通过PC端完成隧道病害录入,形成病害故障记录库,对病害多维度组合查询,实现病害追踪、分析,为养护决策提供准确数据支撑。

图2-4-1 公路隧道管理系统登录界面

实践证明,公路隧道管理系统不仅能全面收集、储存和处理各类型隧道的数据资料,还能通过公路隧道管理系统直观掌握现有公路隧道运营状况及技术状况等级,实现病害追踪、分析,为隧道养护决策提供准确的数据支撑,合理安排有限的养护资金,提高了隧道养护工作效率,充分发挥管理营运效能。

第3篇

公路隧道养护

第1章 公路隧道土建结构养护

公路隧道土建结构包括隧道主体结构和附属设施等混凝土结构。公路隧道管养单位应按照《公路隧道养护技术规范》(JTG H12—2015)规定进行养护工作,使公路隧道土建结构处于良好的技术状态。

第 1 节 土建结构日常巡查

公路隧道土建结构的日常巡查可采用人工与信息化手段相结合的方式。隧道日常巡查可与公路路段日常巡查一起进行。日常巡查频率宜不少于 1 次/d,雨季、冰冻季节和极端天气,应增加日常巡查的频率。

日常巡查中,发现公路隧道路面有妨碍通行的障碍物或其他异常情况时,应视情况予以清除或报告,并做好记录(以文字为主,配合照相或摄像)(见附录 A2 公路隧道巡查记录表)。公路隧道土建结构日常巡查内容按照表 3-1-1 执行。

公路隧道土建结构日常巡查内容 表 3-1-1

检查项目	是否存在下列现象
隧道洞口边仰坡	边坡开裂滑动、落石
隧道洞门结构	大范围开裂、衬体断裂、脱落
隧道衬砌	大范围开裂、明显变形、衬砌掉块等;地下水大规模涌流、喷射,路面出现涌泥(沙)或大面积严重积水等威胁交通安全的现象
隧道路面	散落物、严重隆起、错台、断裂等
隧道洞顶预埋件和悬吊件	断裂、变形或脱落等

第 2 节 土建结构日常维护

公路隧道养护单位应对土建结构的日常维护工作制订相应的保洁计划、周期和方法。大面积保洁应以机械为主、人工为辅的原则,选择在交通量较小的时段进行清扫保洁,不得在同一隧道内的两侧同时进行养护作业(图 3-1-1)。

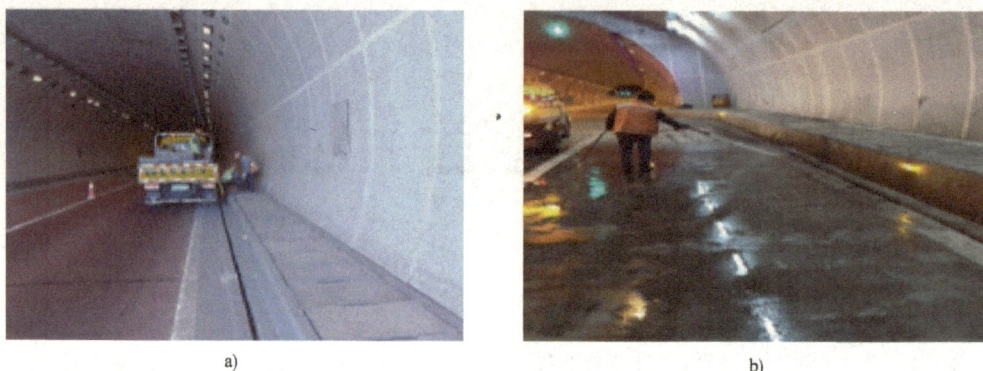

a)   b)

图 3-1-1　土建结构日常维护工作

养护管理人员应提前制订好机械清扫行走路线，保洁开始前和保洁结束后，养护作业人员向隧道监控中心报告，隧道监控中心应对隧道保洁全程监控，在可变信息标志上显示相应的提示内容，有广播系统的应开启广播系统。清扫或清洗人员作业时应身穿带有反光安全标志的服装，携带通信工具，保持与隧道监控中心的联系。

（1）日常清洁频率

公路隧道清洁应综合考虑隧道养护等级、交通组成、结构物脏污程度、清洁方式及效率等因素确定清洁方案和频率。按照养护等级，隧道清洁维护频率宜不低于表 3-1-2、表 3-1-3 的规定。

高速公路、一级公路隧道清洁频率　　　　　　　　　　　表 3-1-2

清洁项目	养护等级		
	一级	二级	三级
路面	1 次/d	2 次/周	1 次/旬
内装饰、检修道、横通道、标志、标线、轮廓标	1 次/月	1 次/2 月	1 次/季度
排水设施	1 次/季度	1 次/半年	1 次/半年
顶板	1 次/半年	1 次/年	1 次/2 年
斜井	1 次/半年	1 次/年	1 次/2 年
侧墙、洞门	1 次/2 月	1 次/季度	1 次/半年

二级及二级以下公路隧道清洁频率　　　　　　　　　　　表 3-1-3

清洁项目	养护等级		
	一级	二级	三级
路面	1 次/周	1 次/半月	1 次/月
内装饰、检修道、横通道、标志、标线、轮廓标	1 次/季度	1 次/半年	1 次/年
排水设施	1 次/半年	1 次/年	1 次/年
顶板	1 次/半年	1 次 2/年	1 次/3 年
斜井	1 次/年	1 次/2 年	1 次/3 年

（2）保洁质量要求

①公路隧道路面。

公路隧道路面应保持干净、整洁,无垃圾和杂物碎片,两侧明沟内不应有残留垃圾等物品(图3-1-2);机械清扫作业时其行驶速度应保持在5～10km/h,吸嘴高度应与路面保持10cm间距;当路面被油类物质或其他化学物品污染时,应清洗干净,必要时可用中和剂或其他清洁剂处理后再清洗;清扫后的垃圾不得随意倾倒,应运往指定地点或垃圾场处置。

②通道、排水设施。

对隧道横通道,应定期清除杂物和积水;对斜井、检查道及风道等辅助通道,应定期清除可能损伤通风设施或影响通风效果的异物。

隧道排水设施应保持无淤积、排水通畅。在汛前、汛中和汛后以及极端降水天气后,应对排水设施进行检查和清理疏通;对于纵坡较小的隧道或隧道的洞口区段,应增加清理和疏通的频率;对于窨井和沉沙池,应将其底部沉积物清除干净。

③墙体、洞门及其他附属设施。

公路隧道墙体、洞门、装饰层应保持干净、整洁,无污垢、污染、油污和痕迹(图3-1-2);标志、标线和轮廓标应保持完整、清晰、醒目,清洗时应避免损伤其表面覆膜或涂层等;隧道内没有顶板和内装饰时,应根据需要对洞壁混凝土进行清洁;风塔内部应无明显的垃圾尘土;光过渡遮阳板应保证完好、清洁、明亮;集水池应定期清理淤泥;设施用房应无明显垃圾、无积灰,设施的饰面应保证清洁。

a)

b)

图3-1-2　公路隧道土建结构清洁

（3）冬季养护要求

对于地处寒冷区的隧道,在冬季应特别注意土建结构物的防冻、保温。寒冷地区隧道的防冻保温设施,如有损坏应及时修复,确保结构使用功能良好。

洞口设有防雪设施的隧道,应做好防雪设施的维修,并在大雪降临前完成设施的维修加固。冬季应及时清除洞口边仰坡上的积雪(图3-1-3)和挂冰,清除洞顶挂冰。寒冷地区应及时清除排水沟内结冰堵塞,排水的金属管道应定期做好防腐处理,并提高排水沟的清理频率。

a)　　　　　　　　　　　b)　　　　　　　　　　　c)

图 3-1-3　冬季清除隧道洞口积雪

第 **3** 节　土建结构的养护维修

公路隧道土建结构的维修工作,主要包括经常性或预防性的维护和轻微破损部分的维修等内容,恢复和保持结构的良好使用状态。隧道养护单位应对土建结构经常检查和定期检查发现的一般性异常和技术状况值为 2 以下的隧道进行维修。隧道养护单位应做好土建结构维修记录(见附录 A5 表),建立隧道日常养护技术档案。

(1)养护维修要求

公路隧道养护单位应及时清除洞口边仰坡上的危石、浮土,保持洞口边沟和边仰坡上截(排)水沟的完好、畅通,修复存在轻微损坏的洞口挡土墙、洞门墙、护坡、排水设施和减光设施等结构物的开裂、变形,保持隧道的土建结构设施完好,维护洞口花草树木。

①公路隧道洞口。

当明洞上边坡出现危石或有崩塌可能时,应及时清除,也可采取保护性开挖等措施。明洞顶的填土厚度和地表线,应保持原设计状态。当遇到边坡塌方形成局部堆积,或遇暴雨、洪水原填土大量流失时,应及时采取措施调整到原有状态,避免产生严重偏压,导致明洞结构变形、损坏。明洞的防水层失效或损坏时,应及时修复。应及时清除半山洞内的雨雪、杂物以及洞顶坠落和石块,并保持边沟畅通。应及时修复、添补缺损的护栏、边墙。

②公路隧道洞身。

对隧道衬砌出现的衬砌起层、剥离,及时清除;应及时修补衬砌裂缝,并设立观测标记进行跟踪观测。对衬砌的渗漏水或无衬砌隧道围岩的渗漏水应接引水管,将水导入边沟;对无衬砌隧道出现的碎裂、松动岩石和危石,应按照"少清除,多稳固"的原则进行处理。

③公路隧道路面及横通道。

应及时清除隧道内外路面上的塌(散)落物和堆积物;当路面出现渗漏时,应及时处理,将水引入边沟排出,防止路面积水或结冰。应及时修复、更换损坏的窨井盖或其他设施盖板(图 3-1-4)。横通道内严禁存放任何非救援用物品,应及时清除散落杂物,修复轻微破损结构;应定期维护横通道门,保证横通道清洁、畅通。

图 3-1-4　修复损坏的窨井盖、检修道盖板

④排水设施。

应保持公路隧道内外排水设施完好,发现破损或缺失及时修复;排水管堵塞时,可用高压水或压缩空气疏通。应及时清理排水边沟、中心排水沟、沉沙池等排水设施中的堆积物,不定期检查排水沟盖板和沟墙,及时修复破损、翘曲的盖板。

⑤顶板和内装。

吊顶和内装饰应保持完好和整洁美观,当有破损、缺失时,应及时修补恢复;不能修复的应及时更换。各种预埋件和桥架应保持完好、坚固、无锈蚀;当有缺损时,应及时更换或加固。当装饰层处的伸缩缝和沉降缝发生渗漏应及时进行堵漏处理。对缺损的瓷面砖装饰层及时进行修补,涂料装饰层局部脱落可进行修补处理;若大面积发生脱落、风化、污染,应进行表面处理后复涂。

⑥人行道或检修道。

应保持人行道或检修道平整、完好和畅通,人行道或检修道不得积水,当道板有破损、翘曲或缺失时,及时进行修复和补充(图 3-1-5);应定期维护人行道或检修道护栏,保持护栏完好、清洁、坚固、无锈蚀,立柱正直无摇动现象,横杆连接牢固,当有缺损时,应及时恢复。

图 3-1-5　公路隧道路面施划标线、轮廓标保持完整

⑦斜(竖)井、通风设施。

应及时清除斜(竖)井内可能损伤通风设施或影响通风效果的异物;保持井内排水设施完好、水沟(管)畅通;应对井内的检查通道或设施进行维护,防止其锈蚀或损坏。清理送(排)风口的网罩,清除堵塞网眼的杂物;定期维护风道板吊杆,防止其锈蚀或损坏;应及时修复风口或风道的破损,更换损坏的风道板。

⑧减光设施。

对遮阳棚钢结构锈蚀处进行除锈防锈处理后再喷涂两遍面漆;对已老化、剥离的结构胶,铲除清理干净后重新施胶。

⑨公路隧道交通安全设施。

公路隧道的交通标志应保持外观完整、信息清晰准确,保持位置、高度和角度适当,保证交通信息传递无误,并应符合下列规定:及时修补变形、破损的标牌,修复弯曲、倾斜的支柱,紧固松动的连接构件;对锈蚀损坏、老化失效的标志,应及时更换,缺失的应及时补充;对损坏的限高及限速设施应及时维修。

公路隧道的交通标线应保持完整、清洁和醒目,并应符合下列规定:对破损严重和脱落的标线及时补划(图3-1-5);及时紧固松动的路标,发现损坏或丢失的,应及时修复或补换。

公路隧道轮廓标应保持完整、清洁和醒目,当有损坏时,及时修复或更换(图3-1-5)。

(2)土建结构病害处治

公路隧道土建结构病害处治包括修复破损结构、消除结构病害、恢复结构物设施标准、维持良好的技术功能状态,并应符合下列规定:

①确定病害处治方案前,应对病害隧道进行检测,对破损或病害的成因、范围、程度及其发展趋势等情况进行分析评定。

②处治设计应综合考虑隧道病害状况、地形、地质、生态环境及运营和施工条件,合理确定处治方案。处治方案可由一种或多种处治方法组成,隧道土建结构病害处治方法可按表3-1-4中的各项处治方法进行综合研究,充分考虑到单项和组合的处治方法,并应考虑到施工时的交通管理、安全和工期。

③在处治设计与施工中,应根据病害程度、地质条件、处治方案,进行工程风险评估,制定相应的应急预案。

④公路隧道处治施工应编制实施性施工组织设计方案。

⑤病害处治工程施工完毕后,被处治段各分项状况值应达到0或1。

公路隧道土建结构病害处治方法选择表　　　　　　表3-1-4

处治方法	病害原因												病害现象特征	预期效果
	外力引起的变化							材料劣化	渗漏水	其他				
	松弛压力	偏压	地层滑坡	膨胀性土压力	承载力不足	静水压力	冻胀力			衬砌背面空隙	衬砌厚度不足	无仰拱		
衬砌背后注浆	★	★	★	★	★	★	★		○	★	★		(1)衬砌裂纹、剥离、剥落;(2)支护结构有脱空	初期支护与岩体、二次衬砌与初期支护紧密结合,荷载作用均匀,衬砌和围岩稳定

续上表

处治方法	病害原因												病害现象特征	预期效果
	外力引起的变化							材料劣化	渗漏水	其他				
	松弛压力	偏压	地层滑坡	膨胀性土压力	承载力不足	静水压力	冻胀力			衬砌背面空隙	衬砌厚度不足	无仰拱		
防护网								★					(1)衬砌裂纹、剥离、剥落；(2)衬砌材料劣化	防止衬砌局部劣化
喷射混凝土	○	☆		☆	☆	○	○	☆	○		☆		(1)衬砌裂纹、剥离、剥落；(2)衬砌材料劣化	防止衬砌局部劣化
施作钢带					☆			○			☆		(1)衬砌裂纹、剥离、剥落；(2)衬砌材料劣化	防止衬砌局部劣化
锚杆加固	☆	★	☆	★	★	○	☆	○			☆	★	(1)拱部混凝土和侧壁混凝土裂纹，侧壁混凝土挤出；(2)路面裂缝，路基膨胀	(1)岩体改善后岩体稳定性提高，防止松弛压力扩大；(2)通过施加预应力，提高承受膨胀性土压力和偏压的强度
排水止水	○	○	☆	○	○	★	★	○	★				(1)衬砌裂纹，或施工缝漏水增加；(2)随衬砌内漏水流出大量砂土	(1)防止衬砌劣化，保持美观；(2)恢复排水系统功能，降低水压
凿槽嵌拱或直接增设钢拱	★	★	★	★	★	★	★	○					(1)衬砌裂纹、剥离、剥落；(2)衬砌材料劣化	增加衬砌刚度，衬砌抗剪、抗压强度得到提高
套拱	○	☆	☆	☆	☆	○	○	☆				★	(1)衬砌裂纹、剥离、剥落；(2)衬砌材料劣化	增加衬砌刚度，衬砌抗剪强度得到提高

续上表

处治方法	病害原因												病害现象特征	预期效果
	外力引起的变化							材料劣化	渗漏水	其他				
	松弛压力	偏压	地层滑坡	膨胀性土压力	承载力不足	静水压力	冻胀力			衬砌背面空隙	衬砌厚度不足	无仰拱		
隔热保温							★						(1)拱部混凝土和侧壁混凝土裂缝,侧壁混凝土挤出;(2)随季节变化而变动	(1)由于解冻,防止衬砌劣化;(2)防止冻胀压力的产生
滑坡整治		☆	★										(1)衬砌裂缝,净空宽度缩小;(2)路面裂缝,路基膨胀	防止岩层滑坡
围岩压浆	○	○				○	○	○	☆	☆	☆	☆	(1)拱部混凝土和侧壁混凝土裂缝,侧壁混凝土挤出;(2)路面裂缝,路基膨胀	周边岩体改善,提高了岩体的抗剪强度和黏结力
灌浆锚固	☆	★	★	★	★						○	★	(1)拱部混凝土和侧壁混凝土裂缝,侧壁混凝土挤出;(2)路面裂缝,路基膨胀	由于施加预应力提高膨胀性岩层、偏压岩层的强度
隧底加固		★	☆	★	★	○	☆					★	(1)拱部混凝土和侧壁混凝土裂缝,侧壁混凝土挤出;(2)路面裂缝,路基膨胀	提高对膨胀围岩压力和偏压围岩压力的抵抗力

续上表

处治方法	病害原因												病害现象特征	预期效果
	外力引起的变化							材料劣化	渗漏水	其他				
	松弛压力	偏压	地层滑坡	膨胀性土压力	承载力不足	静水压力	冻胀力			衬砌背面空隙	衬砌厚度不足	无仰拱		
更换衬砌	☆	☆	☆	☆	☆	○	○	★	☆	☆	★	★	(1)拱部混凝土和侧壁混凝土裂缝,侧壁混凝土挤出;(2)路面裂缝,路基膨胀	更换衬砌,提高耐久性

注:1. 符号说明★对病害处治非常有效的方法;☆对病害处治较有效的方法;○对病害处治有些效果的方法。

2. 松弛压力中包括突发性崩溃。

病害处治主要技术工作程序包括:检查、评定、设计、施工和验收。检查评定工作的重点是对结构各分项分段检查、分析病害产生的原因,为处治设计提供依据。选定病害处治方法,重要的是正确把握病害产生的原因,并应满足下列要求:

①原则上应不降低隧道原有技术标准;

②应按照安全、经济、快速、合理的原则,通过多方案技术、经济比选确定;

③处治设计应体现信息化设计和动态施工的思想,制定监控量测方案;

④应尽量减少施工对隧道正常运营的影响,不能中断交通时应制定保通方案;

⑤应采取相应措施,减小处治施工时对既有结构、排水设施、机电设施和附属设施的不良影响。

(3)混凝土结构病害的处治

①混凝土表面出现裂缝。

可采用环氧树脂砂浆或环氧树脂注浆处理(表3-1-5)。

结构混凝土表面裂缝处理　　　　　　　　　　　表3-1-5

序　号	裂　　缝	处理方法
1	裂缝宽度≤0.2mm的细微裂缝	可不做处理
2	裂缝宽度>0.2mm未贯穿的裂缝	注浆封闭处理
3	已渗水的裂缝	

②钢筋混凝土露筋。

对于裸露钢筋,若有锈蚀,应选用钢丝刷刷去钢筋表面堆积的疏松的锈蚀,再涂刷防锈漆。钢筋除锈防锈完成后,再使用环氧树脂砂浆或高强度等级水泥砂浆或聚合物水泥砂浆,对裸露钢筋进行包裹处理。

③混凝土结构缺损。

混凝土结构缺损修复可采用环氧树脂砂浆、高强度等级水泥砂浆或聚合物水泥砂浆修复,若出现露筋时应先进行除锈处理后再修复。

④结构变形缝止水带损坏。

采用注浆止水后填嵌柔性密封材料,抹快凝微膨胀水泥砂浆层,擦洗界面后再外贴环氧玻璃布。

⑤结构混凝土壁面的渗漏。

可采用结晶渗透防水剂涂抹处理。

(4)公路隧道沥青混凝土路面维修

公路隧道沥青混凝土路面维修主要包括路面裂缝、路面松散、拥包、坑槽、沉陷、车辙的修复,其维修方法可参照表3-1-6。沥青混凝土路面修补应符合圆洞方补、浅洞深补、湿洞干补的要求,密实平整,接茬平顺。

公路隧道沥青混凝土路面维修方法 表3-1-6

损坏类型	维修方法	
路面裂缝	缝宽≤6mm	采用热沥青或乳化沥青灌缝撒料法封堵
	缝宽>6mm	采用砂粒或细砂粒式热拌混合料填充,也可用乳化沥青稀浆封层;反向裂缝、沉降缝需采用土工布加固后,进行沥青混凝土施工
路面松散	应将沥青面层挖除重铺	
路面拥包	单块面积≤10m²	采取铲除和罩补法施工
	单块面积>10m²	采用路面铣刨机铣平后重新铺筑沥青混合料
路面坑槽	应按坑槽清理、涂界面剂、铺筑沥青混合料、压实的步骤修补路面坑槽,可采用冷料冷补、热料热补、热料冷补三种施工工艺	
路面沉陷	因面层不均匀沉降等引起的路面裂缝和轻微下沉,可采取拉毛、凿方,洒黏层沥青把沉陷部分铺填至原路平齐	
路面车辙	表面性磨损过度出现的车辙	可挖除车辙表面一定深度并采用与原路面结构相同的沥青混合料铺筑
	路面推挤形成的横向波形车辙已稳定	应按上面的方法铣高补低恢复路面横坡,如因不稳定夹层引起,则应清除不稳定层,重补面层

《公路隧道提质升级行动技术指南》中规定:

①高速公路和一级公路隧道沥青混凝土路面横向力系数(SFC)应大于或等于40;二级和二级以下公路隧道沥青混凝土路面横向力系数(SFC)应大于或等于35.5。

②高速公路和一级公路隧道水泥混凝土路面抗滑性能指数(SRI)评价等级应为优或良(SRI≥80);二级和二级以下公路隧道水泥混凝土路面抗滑性能指数评价等级应为优、良或中(SRI≥70)。

根据抗滑性能测试结果,对隧道路面抗滑性能不满足技术要求的应进行处治,处治方案的技术要点如下：

①高速公路和一级公路的长隧道、特长隧道洞口路面抗滑过渡段长度不满足要求的，应根据技术要求增加抗滑过渡段长度，也可施划满足长度要求的彩色防滑路面。

②公路隧道内路面摩擦因数不满足本指南技术要求的，应对路面进行处治。水泥路面可采取精铣刨、沥青罩面等措施，沥青路面可采取薄层罩面等措施。

（5）交通安全设施检修

公路隧道内和洞口外相关交通标志、标线、轮廓标、视线诱导标等设施，在车辆正常行驶条件下应清晰可见、线形诱导连续，无缺损、遮挡、明显集灰或油污，轮廓标应保证视线上的一致性和连续性。隧道交通安全设施除日常检查有无异常情况外，还应每隔2~3个月进行定期检查。其检查内容见表3-1-7。

交通安全设施检查内容　　　　　　　　　　表3-1-7

检查项目	检查内容
护栏	各类护栏的损坏、变形情况；立柱与水平构件的紧固情况；油漆损坏、反光膜缺损情况；螺栓的松弛程度
遮阳棚	有无缺损、歪斜；钢质遮光棚有无油漆剥落、锈蚀；支柱有无变形等
隔离封闭设施	隔离栅损坏、变形情况；污秽程度；油漆损坏及锈蚀情况

对功能缺失或损坏的交通安全设施按现行规范修复或更换。明显油污的标志、标线和轮廓标应清洁处理。交通安全设施的修复和完善应满足《公路隧道提质升级行动技术指南》的要求：

①交通标志间应不相互遮挡，标志信息清晰、明确简洁；标志间信息应不重复，同一位置不出现新旧版面同时设置情况（图3-1-6）。

②标志版面颜色、文字、符号、图形、边框满足建设时期标准的可维持现状，设置位置不满足检查项目清单技术要求时应调整。新增标志应满足检查项目清单技术要求。

③疏散指示标志的指示距离应为标志设置位置与相邻人行通道的距离。

④紧急停车带位置提示标示宜设置在紧急停车带侧壁（图3-1-6）。

a)　　　　　　　　　　　　　　b)

图3-1-6　公路隧道洞口标志、紧急停车道标志

⑤增设线形诱导标志时，应采用黄底黑图案、无边框，设置于曲线外侧，至少设置3块。

⑥隧道洞口导流线的设置长度宜不小于3s的设计速度行程且不小于50m。

⑦轮廓标志设置间距不宜小于 10m,不宜大于 15m。

⑧公路隧道入口护栏过渡段满足《公路交通安全设施设计规范》(JTG D81—2017)规定,且未发生过因车辆撞击隧道洞口导致重特大交通事故的,可根据实际情况采取措施(图 3-1-7)。

a)   b)

图 3-1-7　设置公路隧道入口处护栏

交通标志更换、增设应符合隧道交通安全设施技术指标的要求(图 3-1-8 ~ 图 3-1-18),交通标线施划时行车道标线宽度应符合表 3-1-8 的规定。

图 3-1-8　公路隧道开车灯标志版面

图 3-1-9　公路隧道信息标志版面

图 3-1-10　禁止超车标志版面

图 3-1-11　解除禁止超车标志版面

图 3-1-12　紧急电话指示标志版面

图 3-1-13　消防设备指示标志版面

图 3-1-14　人行横通道指示标志版面　　　图 3-1-15　车行横通道指示标志版面

图 3-1-16　疏散指示标志版面

图 3-1-17　紧急停车带标志版面　　　图 3-1-18　紧急停车带位置提示标志版面

隧道路面行车道标线宽度　　　　　　　　　　　　　　　表 3-1-8

设计速度(km/h)		行车道边缘线(cm)	同向行车道分界线(cm)	对向行车道分界线(cm)
100、120		20	15	—
60、80	高速公路、一级公路	20	15	—
	二级公路	15	10	15
30、40		15	10	15
20	双车道	10	—	10
	单车道	10	—	—

第2章 公路隧道机电设施维护

机电设施养护应使各类设备技术状况达到产品说明书、设计文件和有关规范的要求。机电设施养护应考虑通行车辆、养护人员的安全。机电设施应按应急预案定期进行联调联试。

机电设施养护应配备专门的测试仪器、安全防护设备等,对配备的专用工具应定期检定,耐高压工具试验不少于1次/半年,测试仪器校对不少于1次/年,安全防护设备及高空作业设备检查不少于1次/半年。

第 1 节 清洁维护

机电设施应根据养护等级、交通组成、污垢情况、清洁方式和环境条件等因素进行清洁维护。清洁维护频率宜不低于表3-2-1的规定值。

机电设施清洁维护频率　　　　　　　　　　表3-2-1

清洁项目	养护等级		
	一级	二级	三级
供配电设施	1次/月	1次/季度	1次/半年
照明设施	1次/季度	1次/半年	1次/年
通风设施	1次/2年	1次/3年	1次/4年
消防设施	1次/季度	1次/半年	1次/年
监控与通信设施	1次/季度	1次/半年	1次/年

机电设施采用湿法清洁时,应注意保护人员安全和机电设施内部电气元件安全,并应防止液体渗入设施内;采用干法清洁时,应采取必要的降尘措施,对清扫不能去除的污垢,经判别可用湿法清洁时,宜用清洁剂进行局部特别处理。

机电设施清洁维护应保持设备外观干净、整洁、无污垢,并保证机电设施完好。机电设施清洁应包括表3-2-2规定的设备。

公路隧道机电设施清洁设备　　　　　　　　表3-2-2

设施名称	设备名称
供配电设施	配变电所内电力设备、箱式变电站、外场配电箱、插座箱、控制箱

续上表

设施名称	设备名称
照明设施	隧道灯具、洞外路灯
通风设施	轴流风机、射流风机
消防设施	消火栓及水泵接合器、灭火器、火灾报警设施、水喷雾控制阀及喷头、气体灭火设备、电光标志等
监控与通信设施	各类检测仪、闭路电视、有线广播、紧急电话、横通道门、交通控制和诱导设施、控制器(箱)、光端机、交换机等

第 2 节　供配电设施维护

供配电设施包括高低压成套开关柜、箱式变电站、配电箱、电力电缆、综合微型计算机保护装置、电源设备、各种金属构件等为隧道用电设施服务的供配电及辅助设施(图3-2-1)。

a)　　　　　　　　　　　b)

图3-2-1　公路隧道机房供配电设施

供配电设施养护应执行相关设备的检修规程和国家的有关规定。养护人员应持有特殊工种上岗证书,并配备专门的电工检修工具。

当供电线路存在异常情况时,应采取措施并及时通知有关部门。

供配电设施需进行带电养护作业时,应使隧道内、变配电室及中心控制室相互协调,密切配合,并严格按电气操作规程的有关要求进行。

(1)供配电设施检查项目

核查应急电源的有效性,检查项目、测试方法和技术要求见表3-2-3。

供配电设施检查项目清单　　　　　　　　　　表3-2-3

序　号	检查项目	测试方法	技术要求
1	应急电源设备备电时间测试	实际操作	供电电路停电后,应急电源设备供电时间不小于30min
2	应急电源设备切换测试	实际操作	应急电源切换过程中,相应设施工作正常
3	电缆桥架	现场检查	外表无变形、断开,电缆桥架无脱落

（2）UPS 电源的使用与维护

实践证明交流型 UPS 有约 60% 灼烧故障是使用或管理不当造成的,所以正确使用与维护 UPS 可以大大延长其使用寿命,在使用与维护过程中应注意以下几个方面:

①新购的 UPS 电源使用前一定要对后备蓄电池进行均衡充电,以延长蓄电池的使用寿命。

②UPS 接入电路时,应保证所接市电的相线、中性线顺序符合要求,否则,故障率会大幅增加。

③UPS 不宜由柴油发电机供电,这种发电机的频率变化大,会影响 UPS 的正常运行。

④UPS 不宜带可控硅负载、桥式整流及半波整流负载。

⑤开关机应按 UPS 使用说明书要求操作,先开 UPS 2min 后再开通负载的电源开关,关机要按相反顺序进行。

⑥UPS 应长期处于开机状态,尽可能减少开关机的次数。一般要求关闭 UPS 后至少要等 56s 才能再开启。

第 3 节　通风设施维护

通风设施检修应按各种设备的操作规程和养护要求进行,并使主要性能指标,如风速、推力、功率、噪声及防护等级符合产品说明书的要求(图 3-2-2)。通风设施检修应配备专用电工工具和机修工具,必要时尚应配备风压计、风速计、声级计等有关设备。

a)　　　　　　　　　　　　　　　b)

图 3-2-2　检修公路隧道风机

公路隧道风机运行效果的检测应结合隧道运营环境的检测同步进行,风速达不到检查项目清单技术要求的,可更换出口风速、风量及推力更大的通风设施。

风机安装不牢固,应检查焊缝是否开裂、安装螺栓是否松动等并修复完善;风机运行异响,应检查风机叶片是否损伤、叶片与机壳是否有摩擦、电机运行是否异常等并修复完善。

通风设施手动/自动控制失效,应检查线缆、区域控制器、软件等是否存在异常并修复完善。

电机轴承密封及轴承运行20000h,或正常使用5年后应进行更换;电机在正常运行40000h后应重绕以保证绝缘寿命,使电机满足应急运行需要。

风机和电机的金属部件应分类回收利用,有机材料应按当地环境保护要求进行安全处置。

第 4 节　照明设施维护

对于因为隧道交通事故或者灾害引起的照明设施损坏,应进行专项检修。照明设施检修除应配备电工工具、高空作业车、清洁卫生用具外,尚应配备照度仪、亮度仪等相关设备。照明设施检修后,隧道路面亮度应满足设计要求。高速公路隧道照明设施的完好率应不低于95%。

照明光源达到其额定寿命的90%时,应进行成批更换,并选用节能光源。更换后的照明设施应达到下列要求:

①夜间及中间段亮度应不低于 $2.5cd/m^2$;

②路面亮度总均匀度应不低于0.4;

③亮度纵向均匀度应不低于0.6;

④照明灯具的防护等级应不低于IP65。

为了确保应急照明灯具的正常使用效果及寿命,应急照明灯具应每6个月至少进行一次完全的充、放电。存在松动、明显集灰或油污的照明灯具应固定、清洁。损坏或闪烁的灯具应维修或更换(图3-2-3)。灯具故障的查找方法见表3-2-4。

a)　　　　　　　　　　　　　　　　b)

图3-2-3　公路隧道照明设施检修

灯具故障的查找方法　　　　　　　　　　　　　　　　表3-2-4

检查项目	故障查找及处理
外电是否正常	打开灯具面罩,用万用表测量
若外电正常,检查保险管是否完好	若保险管烧断,更换保险管
若外电、保险均完好,再检查灯管是否拧紧、光源是否正常	若损坏,则更换

检 查 项 目	故障查找及处理
若外电、保险、光源均正常,再检查整流器元件及其接线	若损坏,则更换
若无外电,应先确定是断线故障还是混线故障	只有该灯无电,其他灯正常,为断线故障;若有一组灯不亮,且造成配电箱开关跳闸,为混线故障
若为断线故障	查找该灯接线并处理
若为混线故障	先找出该灯所在的是几路几相,根据图纸逐个查找该相线上接的所有灯具接线,并处理

自动控制、手动控制功能失效的照明系统,应检查开关元件、区域控制器、线缆、软件等是否存在异常并进行修复。

应急照明供电回路自动切换失效的照明系统,应检查开关元件、应急电源、线缆等是否存在异常并进行修复。

第 5 节　消防设施维护

水泵长期运行后,由于机械磨损使机组噪声及振动增大时,应停机检查,必要时可更换易损零件及轴承,机组检修期一般为 1 年。消防设施的标志应保持完好、醒目。在检修期间应有相应的防灾措施。

(1)消防设施与通道检查

核查消防水池、消防水泵、消火栓及配套设施、灭火器、防火门、防火卷帘等消防设施与通道的有效性(图 3-2-4),检查项目、测试方法和技术要求见表 3-2-5。

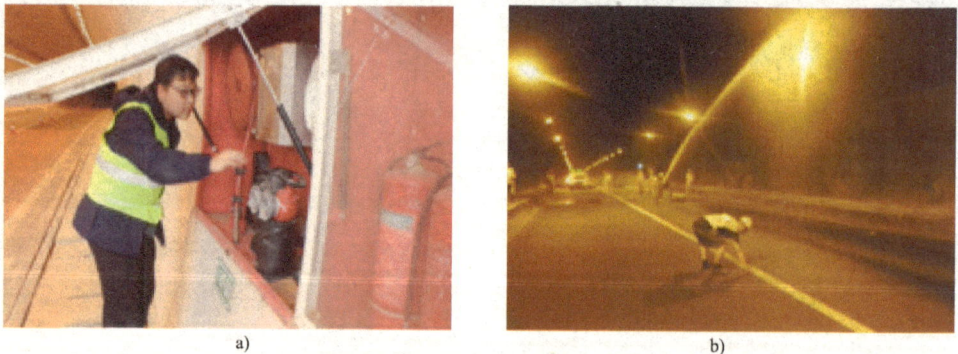

a)　　　　　　　　　　　　b)

图 3-2-4　检修公路隧道消防设施

消防设施与通道检查项目清单　　　　　　　　　　　　表 3-2-5

序　　号	设 施 名 称	检 查 项 目	测 试 方 法	技 术 要 求
1	消防水池	蓄水量	现场检查	满足消防用水蓄水位
2	消火栓	消火栓配套设施	实际操作	箱体、标识完整清楚;阀门启闭灵活无漏水;栓头接头无锈损

续上表

序 号	设施名称	检查项目	测试方法	技术要求
3	消火栓	水柱长度	实际操作	隧道内最不利点处消火栓的水枪充实水柱长度应不小于10m
4	固定式水成膜泡沫灭火装置	功能要求	实际操作	外观完整,无损伤,在有效期内;隧道内最不利点处水成膜泡沫灭火装置喷射距离应不小于6m,喷射时间应不小于20min
5	消防水泵	消防水泵控制	实际操作	控制箱标示完整清楚;按钮操作正常;水泵启停正常
6	灭火器	功能要求	现场检查	灭火器箱内应不少于2具灭火器;灭火器应外观完整,无损伤,在有效期内,压力正常
7	防火门	外观质量	现场检查	外观完整,无破损,安装稳固
8	防火门	功能要求	实际操作	防火门两侧应能朝疏散方向开启,同时打开后应能自行恢复至关闭状态
9	防火卷帘	外观质量	现场检查	外观完整,无破损,安装稳固
10	防火卷帘	功能要求	实际操作	防火卷帘具备现场和远程控制开闭功能

(2)消防水泵维修

消防水泵产生故障的原因及排除方法见表3-2-6,水泵运行中的维修要求如下:

①进水管必须高度密封,不能漏水、漏气;

②禁止水泵在气蚀状态下长期运行;

③禁止水泵在大流量工况运行时,电机超电流长期运行;

④定期检查水泵运行中的电机电流值,尽量使水泵在设计工况范围内运行;

⑤水泵在运行中应有专人看管,以免发生意外。

公路隧道水泵故障原因及排除方法   表3-2-6

故障现象	可能产生的原因	排除方法
水泵不出水	进出口阀门未打开,进出管路阻塞,叶轮流道阻塞	检查,去阻塞物
	电机运行方向不对,电机缺相转速很慢	调整电机转向,紧固电机接线
	吸入管漏气	拧紧各密封面,排除空气
	泵未灌满液体,泵腔内有空气	打开泵上盖或打开排气阀,排尽空气
	进口供水不足,吸程过高,低阀漏水	停机检查、调整(井网自来水管带吸程使用易出现此现象)
	管路阻力过大,泵选型不当	减少管路弯道,重新选泵
水泵流量不足	先按水泵不出水原因检查	先按水泵不出水排除

故障现象	可能产生的原因	排除方法
水泵流量不足	管道、泵流道或叶轮部分阻塞,水垢沉积、阀门开度不足	去除阻塞物,重新调整阀门开度
	电压偏低	稳压
	叶轮磨损	更换叶轮
功率过大	超过额定流量使用	调节流量,关小出口阀门
	吸程过高	降低吸程
	泵轴承磨损	更换轴承
杂音振动	管路支撑不稳	稳固管路
	液体混有气体	提高吸入压力,排气
	产生气蚀	降低真空度
	轴承损坏	更换轴承
	电机超载运行	按"电机发热"的故障排除方法执行
电机发热	流量过大,超载运行	关小出口阀门
	局部摩擦	检查排除
	电机轴承损坏	更换轴承
	电压不足	稳压
水泵漏水	机械密封磨损或软填料损坏	更换
	泵体有砂孔或破裂	焊补或更换
	密封面不平整	休整

（3）水幕系统维修

水幕系统主要作用是在隧道发生火灾时能够阻止火势蔓延,隔断烟气,为人员、车辆疏散及消防灭火工作提供帮助。应经常检查水幕控制箱电源指示灯和雨淋阀的工作状态,以保证火灾时,水幕系统能正常使用。

水幕控制箱电源每隔3个月检查是否正常。具体方法是电源控制箱上电源显示灯亮为正常,控制箱电源有主电源和备用电源,平时电源主要用主电源（隧道供电系统）,在隧道停电时靠备用电源（安装在控制箱内的蓄电池）提供电源,因此蓄电池在使用后,要及时进行充电,确保系统运行正常。

信号阀应处于常开状态,模拟火灾远程控制应每隔半年试验1次,具体方法:关闭信号阀,控制箱打到遥控上,然后通知监控室,电磁阀动作,隔膜腔内压力水泄掉为正常。

雨淋阀在使用一次以后,要对其进行复位;复位螺栓在雨淋阀前盖下方,先逆时针旋转,然后再顺时针旋转,听到"咔嚓"声即复位。

（4）其他消防设施维护

消防水池蓄水量不足时应注水,同时检查水池是否有渗水、漏水。灭火器破损、压力异常、过期等应更换。防火门、防火卷帘破损、安装不牢固应维修。防火卷帘现场控制、远程控制功能失效,应检查开关元件、控制器、线缆、软件等是否存在异常,存在异常的应修复。

第 6 节　监控与通信设施维护

高速公路隧道监控软件系统维护应不少于每年1次,一级及一级以下公路隧道监控软件系统维护宜不少于每年1次。维护时应对软件系统进行修改完善,保证联动运行功能的实现和软件可靠性各项技术措施的落实,并应按使用说明书或用户手册进行。

(1)交通监控设施维护

核查摄像机、车道指示器、可变信息标志等交通监控设施的有效性,检查项目、测试方法和技术要求见表3-2-7。

交通监控设备检查　　　　　　　　　　　　　　　表3-2-7

序　号	设施名称	检查项目	测试方法	技 术 要 求
1	摄像机	外观质量	现场检查	设施完整,支撑稳固、无明显歪斜
2		洞外摄像机控制	实际操作	具有光圈自动调节、变焦镜头、云台、全天候防护罩,运转顺畅,响应正确
3		视频图像质量	实际操作	视频图像清晰、完整,无损伤
4		视频图像存储有效性	实际操作	视频数据保存时间不少于30d
5	车道指示器	外观质量	现场检查	设施完整,支架安装牢固,无明显歪斜
6		显示功能	实际操作	双面红"×"及绿"↓",显示清晰,动态视认距离应不小于200m
7		信号控制功能	实际操作	发出指令后,响应正确
8	可变信息标志	外观质量	现场检查	设施完整,立柱、支架安装牢固,无明显歪斜
9		显示功能	实际操作	发出指令后,响应正确,动态视认距离应不小于200m

摄像机、车道指示器、可变信息标志外观质量不满足检查项目清单技术要求时,应进行维修,更换已破损支架,重新安装固定发生斜歪的支架。

摄像机控制功能失效、视频图像异常,应检查线缆、光端机、交换机、视频存储服务器、软件等是否存在异常,存在异常的应修复。

视频存储容量及有效性不满足技术要求时,应增加视频存储容量、完善存储介质有效性。

车道指示器、可变信息标志显示功能和控制功能失效,应检查相应设施功能模块、线缆、控制器、应用软件等是否存在异常,存在异常的应修复(图3-2-5)。

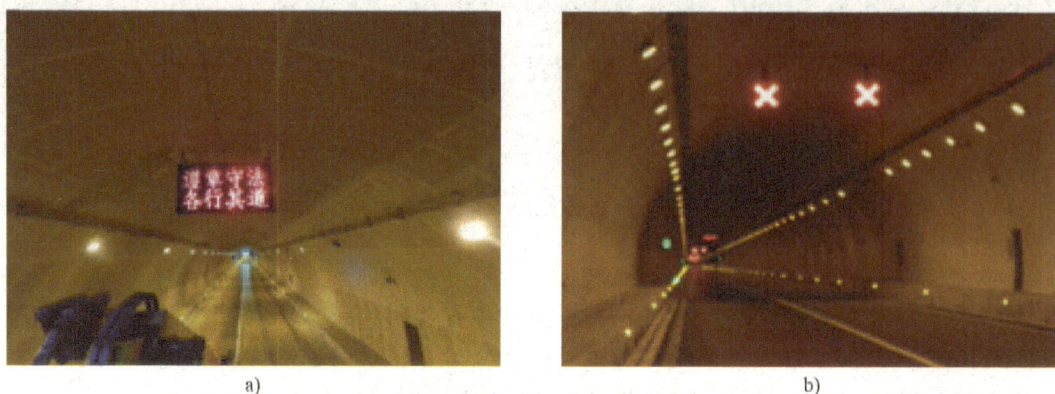

a)

b)

图 3-2-5　公路隧道可变信息标志、车道指示器

（2）紧急呼叫设施维护

核查紧急电话和隧道广播等紧急呼叫设施的有效性，检查项目、测试方法和技术要求见表 3-2-8。

紧急呼叫设施检查　　　　　　　　　　表 3-2-8

序　号	设施名称	检查项目	测试方法	技术要求
1	紧急电话	外观质量	现场检查	机箱外部完整
2		语音通话功能	实际操作	话音清晰，音量适中，无噪声、无断字等缺陷
3		呼叫功能	实际操作	响应无延迟
4		故障报告功能	实际操作	中心可显示设备故障信息
5		录音功能	实际操作	控制台有自动录音功能
6		语音提示功能	实际操作	呼叫后，话机有等待信号或提示音
7		地址显示功能	实际操作	控制台显示呼叫位置
8	隧道广播	外观质量	观察是否松动	支撑稳固、无松动，外观完整、无损伤
9		广播声音质量	现场测试	现场声音清晰，无断字等缺陷

紧急电话、隧道广播外观质量若达不到检查项目清单技术要求，应更换机箱，重新安装固定支架。

紧急电话、隧道广播有故障或功能指标达不到检查项目清单技术要求，应检查线缆、报警主机、应用软件等是否存在异常，对异常情况加以修复。

鼓励公路隧道移动电话信号全覆盖，以满足紧急呼叫通信需求。

（3）火灾探测报警设施维护

检查线缆、火灾报警控制器、应用软件等是否存在异常，对异常情况加以修复。核查火灾探测器、手动报警按钮等火灾探测报警设施的有效性。火灾探测报警设施检查项目、测试方法和技术要求见表 3-2-9。

火灾探测报警设施检查 表3-2-9

序　号	设施名称	检查项目	测试方法	技术要求
1	火灾探测器	覆盖范围	现场检查	探测范围应覆盖所有报警区域,无探测盲区
2		外观质量	现场检查	外观完整,探测器支撑稳固,无松动、无损伤
3	手动报警按钮	外观质量	观察是否松动	外观完整、无损伤,安装基础稳定
4		报警功能	实际操作	报警信号可传到火灾报警控制器
5	火灾声光报警器	外观质量	观察是否松动	支撑稳固、无松动,外观完整、无损伤
6		报警音量	现场检查	现场报警声音清晰

(4)可变信息标志常见故障处理

可变信息标志常见硬件故障:出现一条水平亮线、有不亮点或常亮点、矩形块不亮或常亮、散热风扇不转。四类故障分析及处理流程如图3-2-6～图3-2-9所示。常见软件故障:通信故障和显示故障,可通过发送通信状态检测指令进一步确认来解决,打开模拟显示功能,如果模拟显示正常,则属于硬件故障。

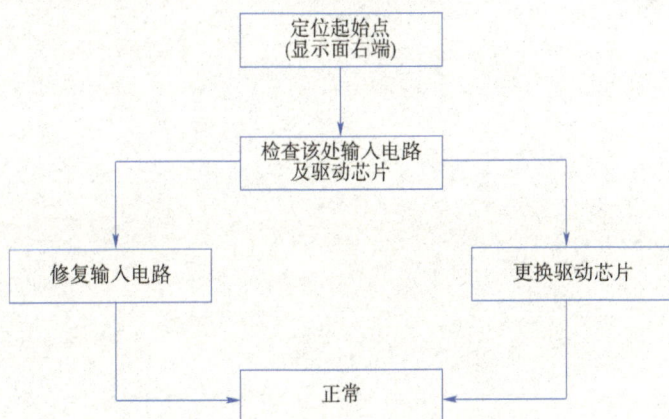

图 3-2-6　可变信息标志出现一条水平亮线

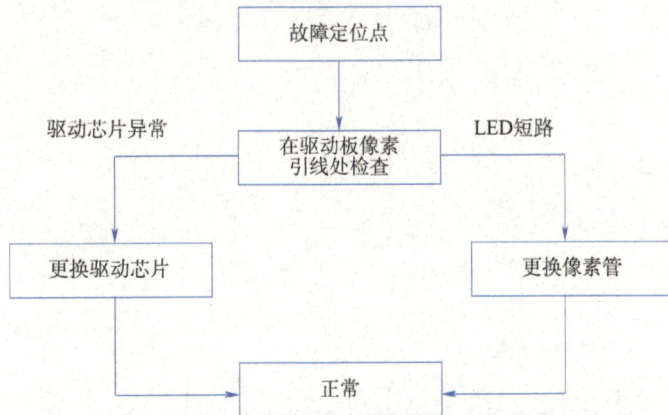

图 3-2-7　可变信息标志有不亮点或常亮点

```
                              ┌──────────────┐
                              │ 定位起始点驱动板 │
                              │  (从左到右)   │
                              └──────┬───────┘
                                     │
        ┌────────┐      否    ┌──────┴───────┐
        │  接好  │◄──────────│ 检查数据输入排线 │
        └────┬───┘           │  接触正常否   │
             │               └──────┬───────┘
             │                      │是
             │               ┌──────┴───────┐
        ┌────────┐      否    │ 检查驱动板电源 │
        │ 检修电源 │◄─────────│    正常否     │
        └────┬───┘           └──────┬───────┘
             │                      │是
             │               ┌──────┴───────┐
             │               │  驱动板检修   │
             │               └──────┬───────┘
             │                      │正常
             │               ┌──────┴───────┐
             └──────────────►│    正常      │
                             └──────────────┘
```

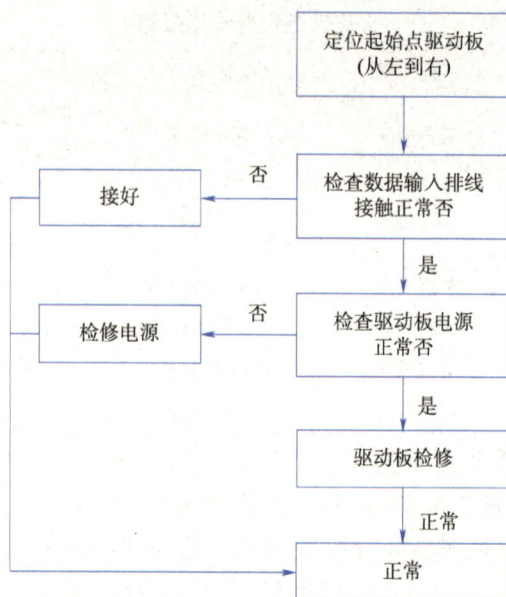

图 3-2-8　可变信息标志由右至左出现矩形块不亮或常亮

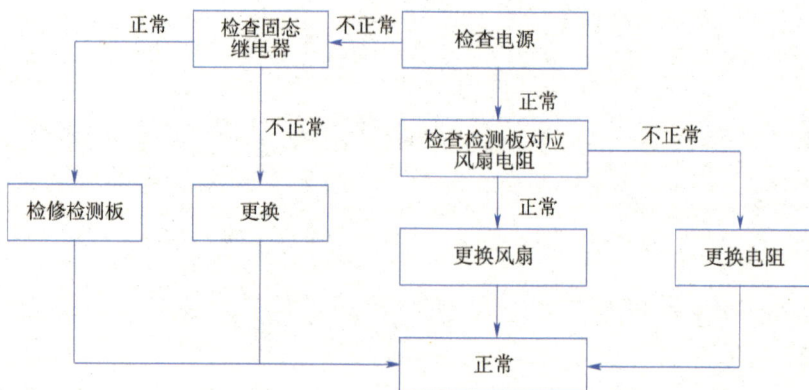

```
         正常  ┌──────────┐ 不正常 ┌──────────┐
        ┌─────│ 检查固态  │◄──────│ 检查电源 │
        │     │ 继电器   │       └────┬─────┘
        │     └────┬─────┘            │正常
        │          │不正常      ┌──────┴──────┐ 不正常
        │          │          │ 检查检测板对应 │────────┐
        │          │          │   风扇电阻   │        │
   ┌────┴────┐ ┌───┴───┐      └──────┬──────┘        │
   │ 检修检测板 │ │ 更换 │            │正常          ┌──┴────┐
   └────┬────┘ └───┬───┘      ┌──────┴──────┐      │更换电阻│
        │          │          │  更换风扇   │      └──┬────┘
        │          │          └──────┬──────┘         │
        │          │    ┌────────────┴─────┐          │
        └──────────┴───►│      正常        │◄─────────┘
                        └──────────────────┘
```

图 3-2-9　可变信息标志散热风扇不转

第3章

公路隧道其他工程设施维护

其他工程设施清洁维护应包括电缆沟与设备洞室的清理、洞口联络通道内垃圾清扫、洞口限高门架与洞口环保景观设施脏污清除、附属房屋设施的清洁维护。

第 1 节　清洁维护频率

其他工程设施的清洁维护频率不应低于表3-3-1的规定值。

其他工程设施的清洁维护频率　　　　　　　　　表3-3-1

分 项 设 施	清洁维护频率
电缆沟、设备洞室	1次/季度
洞外联络通道	1次/月
洞口限高门架	1次/年
洞口绿化	1次/年
消声设施	1次/季度
减光设施	1次/年
污水处理设施	1次/年
洞口雕塑、隧道铭牌	1次/3年
房屋设施	楼地面、墙台面1次/周,吊顶、门窗1次/月,地基基础、屋面1次/年。风机房、变电所、监控房按机电设施的有关规定,确定清洁维护频率

第 2 节　维 修 要 求

其他工程设施的维修应包括结构破损修复、环保景观设施的恢复及附属房屋的维护。有特殊要求的其他工程设施应按有关规定进行养护,风机房、变电所、监控房及附属房屋水暖电的专业养护可按有关规定执行。其他工程设施的维修要求见表3-3-2。

其他工程设施的维修要求及规定　　　　　　表 3-3-2

设 施 名 称	维修要求及规定
电缆沟、设备洞室	定期清除电缆沟、设备洞室内的杂物积尘,清理排水设施,保持电缆沟内整洁、设备洞室内无积水
洞外联络通道	定期清扫洞外联络通道内路面、清除隔离设施脏污、清理排水设施,确保紧急情况下车辆、人员正常通行
洞口绿化与植被	应与周围环境相协调,清洁维护工作应满足下列要求:应定期修剪隧道进出口两侧 30～50m 范围内的乔木,避免侵入行车限界或影响行车视距;适时修剪抚育树木,保持树木透光适度、通风良好,减少病虫害的发生;适时修剪草皮,保持美观
洞口雕塑、隧道铭牌	宜定期清洗,保持整洁、美观
消声设施	定期清洗消声设施污秽,修复或更换损坏部位、部件
遮光棚	定期扫除遮光棚顶垃圾、清除脏污,保持减光设施正常减光效果及外观的干净、整洁
污水处理池和净化池	定期清除污水处理池和净化池沉积的泥沙、杂物,污水处理池和净化池容积不应受到挤占
附属房屋设施	保持房屋及周围环境的整洁、美观,周围场地应排水畅通,并应符合下列规定:应清除地基础周围堆物、杂草,疏通排水系统,保证勒脚完好无损,防止地基浸水、冻害等;应清除楼地面脏污、积尘,保持楼地面清洁,风机房、变电所、监控房等主要生产房屋地面应无积尘和油污;应疏通用水房间排水管道,楼地面应有效防水,避免室内受潮与虫害;应清除墙台面及吊顶脏污、积尘,保持墙台面及吊顶清洁;应清除门窗脏污、积尘,修复或更换破损部位(件),门窗应处于正常使用状态;应清除屋面积雪、积尘,屋面应不渗漏

第4篇

公路隧道运营安全

第1章 公路隧道安全管理

公路隧道安全管理的目的是维护公路隧道交通秩序,预防和减少交通事故,保护人身安全、财产安全,提高通行效率。公路隧道运营安全管理应该在"以防为主,防救结合"原则下,建立一个"设施是基础,管理是关键,监控是核心,手册是指南,预案是保障"的安全运营管理体系。公路隧道的安全管理应包括养护作业和安全性事件时的交通组织和安全防护。

第 1 节 安全管理一般规定

公路隧道运营安全宜借助监控、专项监测、人员值守等手段,及时掌握公路隧道的异常信息,做出研判并采取必要的交通组织和安全防护措施。

(1)公路隧道养护作业及处理突发事件时,应在隧道入口设置相应的提示、警告标志。

(2)公路隧道上方和洞口外100m范围内,严禁从事采矿、采石、取土、倾倒废弃物、爆破作业等危及隧道安全的活动。

(3)公路隧道内严禁存放易燃、易爆、剧毒、放射性等危险物品,隧道内的紧急停车带、车行(人行)横通道不得堆放杂物。

(4)遇有自然灾害、恶劣气象条件或者重大交通事故等严重影响交通安全的情形,采取其他措施难以保证交通安全时,公安机关交通管理部门可以实行交通管制。

(5)公路隧道管养单位应制定突发事件的应急预案并进行预案演练。特长隧道及长隧道,每年应进行不少于一次的消防救援实地演习。

第 2 节 公路隧道应急管理

自然环境灾害和人为事故(事件)等两大类灾害引发的各类突发事件,是影响和威胁隧道安全运营和设施安全的主要不利因素。隧道突发事件的处置工作应在各级政府的统一领导下,由各级交通主管部门、公路管理机构具体负责,实行条块结合、以块为主。

(1)应急管理组织体系

公路隧道养护管理单位应根据隧道使用性质和规模的具体情况,以监控、通信、报警、灭灾等系统设备为依托,建立一个适应内部应急响应及处置的管理机构(图4-1-1),应急处置管理机构组成及主要职责见表4-1-1。

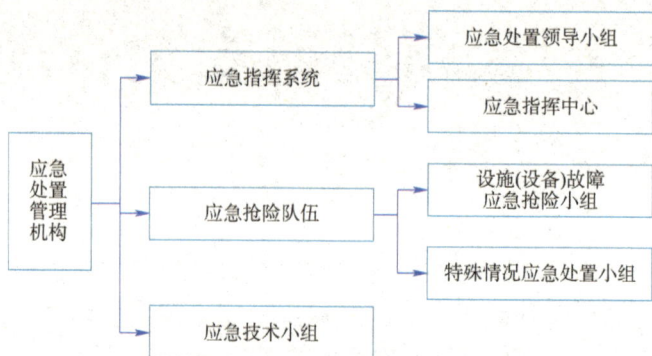

图4-1-1　公路隧道应急处置管理体系图

应急处置管理机构组成及主要职责　　　　　表4-1-1

组织机构	成员组成	主要职责
应急处置领导小组	由公路隧道养护管理单位、部门负责人组成	直接负责对隧道管辖区域内发生的所有突发事件的具体处置工作。组织开展应急处置技能的培训和应急处置预案演练。研究制定具体的现场处置方案,明确处置人员职责分工,指挥、协调现场应急处置工作,做出应急处置决策。检查、督促做好现场应急处置、信息上报、善后处理
应急指挥中心	由公路隧道各级管理单位负责人、职能部门有关人员、养护单位负责人、监控中心人员等组成	接受应急处置领导小组的直接领导,按上级的决策实施或发布有关指令。有权调动所有当班工作人员和调用必需的车辆和设备,负责组织现场抢险、维持秩序
应急抢险队伍	由养护单位负责人、养护工区或站点作业人员、机驾人员、后勤人员等组成	在应急预案启动后,听从应急指挥中心统一安排,具体实施现场设施设备故障抢险工作
应急技术小组	由总工程师和掌握有关专业技术的高、中级技术人员组成	负责事发现场应急处置方案的研究,为应急指挥中心对应急处置工作的指挥、决策提供依据和方案。必要时,赶赴现场对事故危害程度进行预测,对现场应急处置工作进行技术指导

(2)应急处置保障

突发事件应急处置的保障措施包括内部保障、外部保障。其中,内部保障包括人员、信息、物资、通信、设备等保障措施;外部保障包括区域单位互助、政府救援、专家咨询等保障措施。

①人员保障。

在公路隧道发生紧急事故时,隧道的管理部门应针对事故的类型和规模,紧急启动

救灾预案,隧道救灾的各梯队必须按照预案的流程,做好本职工作。通常,公路隧道的救灾梯队分为三个层次:

第一级是隧道内部装备的各种自动防灾、救灾、灭灾系统,隧道内的驾乘人员和公路巡查人员。

第二级是单位内部,由接受过各类防灾知识培训,经受过各种模拟演练与实战锻炼的应急抢险人员组成的应急抢险队伍。

第三级是从外部来的突发事件处置专业队伍,包括隧道属地的应急管理局,环保、公安、消防管理部门以及设备安装、设施建设等单位。

②信息保障。

以隧道监控为中心,建立信息传递网络,确保突发事件处置过程中信息的互动性,保持信息传递的即时性、连贯性。

③物资保障。

配备充足的应急救援装备、物资、药品、应急车辆、工具材料和通信设备等应急物资,以及必要的安全、消防设备和器材、人员防护装备等。

④通信保障。

以电话、传真和无线通信为联系手段,构建一个较全面的应急通信网络,确保24h应急通信联络畅通无阻。

⑤设备保障。

在隧道日常运营管理中,必备的各种车辆设备,保证24h处于待命状态,以备应对和处理突发事件。

⑥其他相关保障。

隧道管养单位应配备隧道消防设施配置图、现场平面布置图、周围地区地图,以及就近医院、当地政府、公安等互救信息资料。

⑦区域单位互助。

隧道管养单位应建立隧道区域内应急处置联动协作单位和主要联系人员的电话、服务电话等通信录,以备发生突发事件时,可实现迅速联动。

⑧专家咨询。

专家咨询小组帮助应急处置领导小组解决有关技术、专业、协调等问题,对事发现场的应急处置提出相应对策和意见等。

(3)应急处置流程

隧道突发事件应急处置工作包括信息管理、初期控制、应急处置、应急处置终止4个阶段。

①信息管理。

主要包括信息来源、区分事故类型及其严重性、关键信息分析以及记录上报等。

②初期控制。

对突发事件启动应急预案,落实现场控制或灭灾措施、现场保护等。

③应急处置。

根据突发事件类型,隧道管养单位确认应急处置方案、调度处置等。

④应急处置终止。

应急处置工作结束后,隧道管养单位落实安全防范和保护措施,进行预案评审、分析报告等工作。

（4）应急演练

为提高公路隧道管理部门对突发事件的应急和处置能力,检验公路隧道现有的消防与监控设施的功能,锻炼应急抢险队伍,隧道管养单位应定期开展应急预案的演练活动。

应急预案的演练应采用答题演练、沙盘演练或实地演练等形式进行。高速公路独立长隧道或特长隧道,及其他公路的独立特长隧道,每年应进行不少于一次的实地演练。管理多座长隧道、特长隧道的管养单位,每年应选取不少于一座隧道进行实地演练。未进行实地演练的管养单位应观摩或参与其他单位组织的实地演练。

第2章　公路隧道安全分级及评价

不同安全等级的公路隧道,其设施和防灾救灾对策也不同。应根据隧道在区域交通网中的重要性和灾害对隧道的危害程度,将公路隧道按特定的安全标准进行划分和评价。长安大学隧道工程安全研究所根据目前我国公路隧道建设的实际状况和技术水平,把公路隧道安全等级从高到低划分为 Ⅰ、Ⅱ、Ⅲ、Ⅳ、Ⅴ 5 个等级。通过评定运营隧道的安全等级,提出影响隧道运营安全所存在的问题,针对存在的问题提出对策建议。

公路隧道安全分级及评价的内容包括隧道重要度、隧道结构、机电系统、交通条件、交通安全设施、运营管理、环境因素。评价方法常用层次分析法(AHP 法)来确定指标的权重。公路隧道安全等级评价指标体系如图 4-2-1、图 4-2-2 所示。

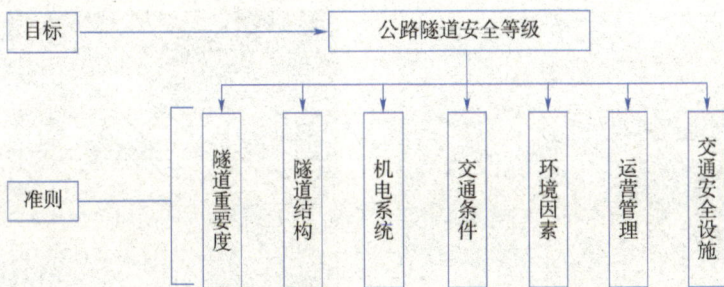

图 4-2-1　公路隧道安全等级评价指标体系(总体)

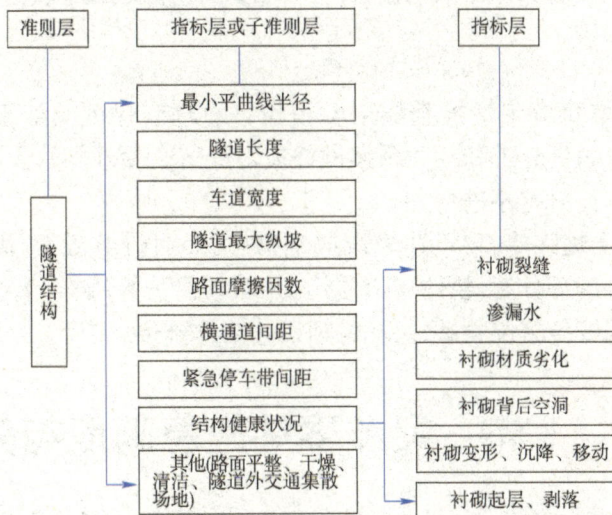

图 4-2-2　公路隧道安全等级评价指标体系(隧道土建结构)

第3章 公路隧道突发事件 应急处置

第 1 节 公路隧道应急管理安全规定

公路隧道管养单位应建立隧道运营预警制度。在特殊异常气候情况下,要加大巡查频率,发现事故隐患应立即采取有效措施予以处理(图4-3-1)。对可能因山洪暴发、坍方、泥石流、凝冻等突发性自然灾害危及隧道安全的,要制定相应的抢险应急方案,把事故损失降到最低限度。

a)　　　　　　　　　　　　　　　　b)

图4-3-1　公路隧道定期检修、日常巡查

公路隧道管养单位应定期检查隧道救援设备、设施,保证其处于良好的技术状态(图4-3-1)。要按照职责分工和相关预案做好应对隧道突发事件的人员、物资、资金保障工作,确保应急工作正常有序进行。

一旦发现隧道出现险情,要迅速采取应急措施,及时设置限载、限速等安全警示标志,必要时应对人员进行分流,暂停隧道使用,并向单位分管领导、上级交通主管部门和当地政府报告,协调好各单位关系,保证各项措施落实到位。

第 2 节 突发事件应急响应与处置

应在已有隧道设施的基础上,针对不同的灾害类型和规模,制订详细的公路隧道救灾应急预案抢险救灾流程。隧道应急预案的编制见本书附录 C。突发事件处理后,应分析事故原因,总结经验教训,修改完善预案,以提高下一次应急处置能力。

公路隧道突发事件的处置宜按下列原则执行:

①按相关规定报送相关单位和向社会发布信息。

②配合实行交通管制,采取措施,减少次生事故的发生。

③进行人员救护和疏散,尽量减少人员伤亡。

④配合所在地政府和相关专业机构做好处置工作。

⑤尽快清除障碍,恢复交通。

(1)公路隧道交通事故处置措施

在公路隧道内发生交通事故,隧道内的管理人员应当对发生交通事故的车辆提供援助,并迅速报告公安机关交通管理部门。如果发生人员伤亡,因抢救受伤人员变动现场的,应当标明位置。

公安交通管理部门接到交通事故报警后,应当立即赶赴现场,组织抢救受伤人员,并采取措施,尽快恢复交通。

公路隧道内发生交通事故后,路政、养护管理人员对隧道设施进行现场检查,查看路面、检修道、衬砌、消火栓及灭火器、横通道门、引导设施等有无损坏和污染,得出需要检修的项目。公路隧道交通事故应急处置流程如图 4-3-2 所示。

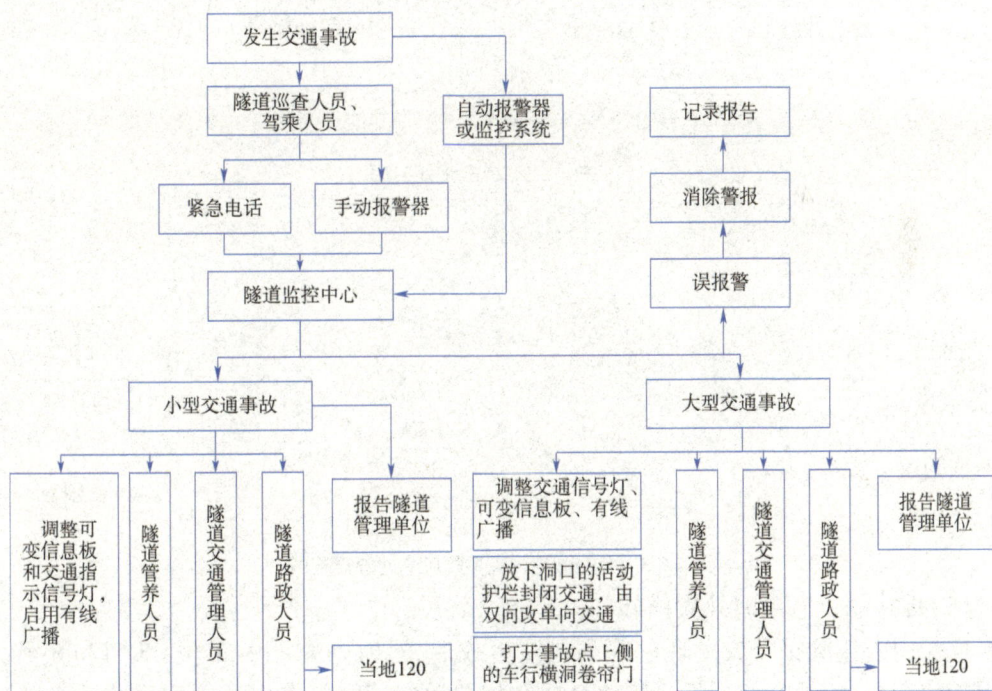

图 4-3-2　公路隧道交通事故应急处置流程图

(2)公路隧道火灾事故处置措施

监控中心接到报警或发现火灾事故后,首先要在进洞口前的可变信息标志及时显示出火灾警示信息,发生火灾时启动火灾事故应急预案。

采用先进的线性火灾检测装置,启动隧道自动喷淋系统,以便尽快对火灾进行扑救。

使用公路隧道有线广播进行呼叫,引导驾驶人利用附近的消防器材进行现场自救。使用交通监控系统进行交通管制。

及时将现场反馈信息通知相关单位、部门;有伤员,则联系急救医院(简要说明伤情)。

发生火灾时启动隧道排烟口,对向交通条件下火灾时的洞内风速应该小于或等于1.5m/s,以避免产生混流,影响火灾排烟与救援。单向行车火灾时的洞内风速可以稍高一点。

长大公路隧道应设置专门的值班救护所,其数量和位置应能保证在隧道内任意位置发生火灾时,救援人员均能在5min内到达事故现场。

公路隧道发生火灾事故后,路政、养护人员查看事故现场,并结合隧道监控室的录像资料进行分析,得出需要的检修项目。公路隧道火灾事故应急处置流程如图4-3-3所示。

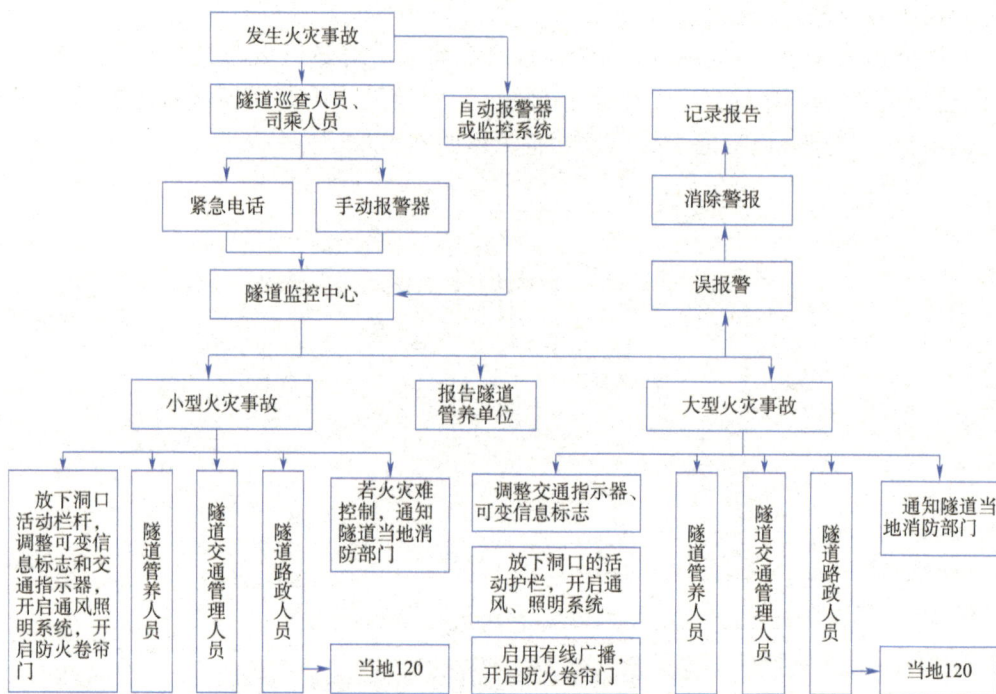

图4-3-3 公路隧道火灾事故应急处置流程图

(3)危险品泄漏事故处置措施

监控中心接到报警或发现危险品泄漏事故后,及时通知相关单位、部门和人员,与其保持密切联系,及时将现场反馈信息通知相关单位、部门,有伤员则联系急救医院(简要说明伤情)。

公路隧道监控室应调整来车方向的交通信号灯、可变信息标志、可变限速标志等,诱导指挥事故路段交通状况。

管养部门应清除应急通道(硬路肩)的路障,确保各专业处理部门和交警快速赶赴现场。进入现场人员应配备和使用防毒面具。

根据现场风向及险情确定是否打开风机,并加开事故路段的全部基本灯。若无法确定是何种危险源,则要立即进行疏散,确保人身安全;若是易燃、易爆的物品则现场严格禁止一切电气开关操作;若事故前方人员已疏散,则打开风机保持现场空气流通;若现场已起火,尽可能及时扑灭火灾。

专业处理人员(消防队、交警等)到达后,将现场移交给专业处理人员,并继续协助其工作。

公路隧道发生危险品泄漏事故后,隧道管理部门应协同当地生态环境部门进行灾后隧道内设施的修复工作,因地制宜地采取修复措施。公路隧道危险品泄漏事故应急处置流程如图4-3-4所示。

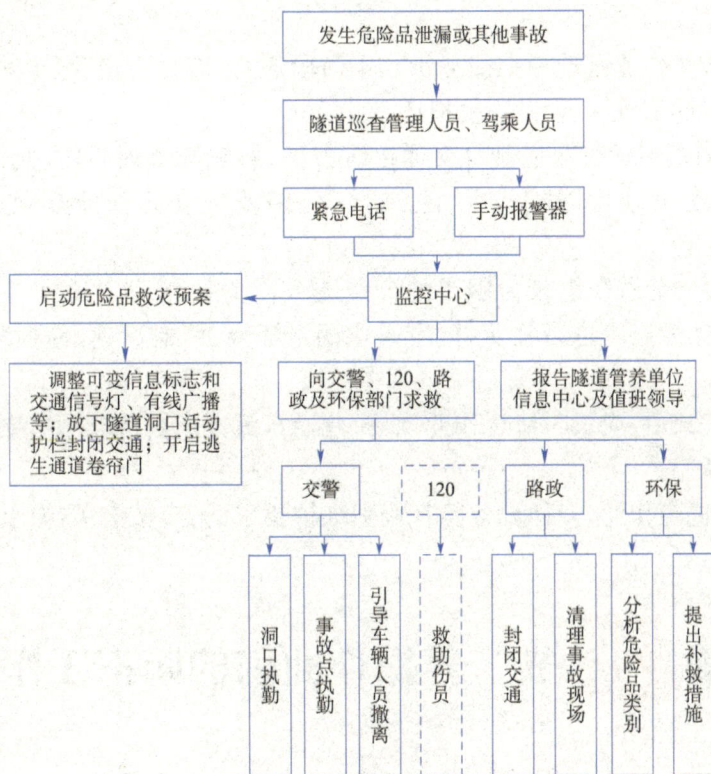

图4-3-4　公路隧道危险品泄漏事故应急处置流程图

第4章 公路隧道养护作业安全防护

第 1 节　公路隧道养护作业安全规定

公路隧道养护作业宜选择在交通量较小时段进行,应少占道,减少对行车的影响。养护作业应保护隧道设施、设备不受损坏。

进行公路隧道养护作业应制订交通组织方案,影响车辆通行时,应按相关规定向社会公告。隧道内进行养护作业,应执行《公路养护安全作业规程》(JTG H30—2015)的有关规定。

车流量较大、交通组织较为困难的公路隧道内养护作业占道施工时,除应利用标志或可变信息标志等进行提示外,宜采取固定隔离、强制减速、防撞装置等安全保障措施。

养护作业完成后,应及时清理作业现场,并逆车流方向拆除交通管制标志,恢复隧道的正常使用状态。

电力设施、高空作业、特种设备等有特别维护要求的,应按有关部门的安全操作规程执行。

第 2 节　养护作业前的防护工作

在进行养护作业前,应做好下列工作:

①制订周密的施工组织设计,确定合理的养护作业控制区。

②作业人员应接受专门的安全教育和作业规程训练。

③检测隧道内 CO、烟雾等有害气体的浓度及能见度,判定施工的安全性。

④观察隧道结构状况是否会影响作业安全,如有危险,应先处理后作业。

⑤检查施工信号灯是否准确、明显,施工标志设置是否规范。

⑥对养护机械、台架应进行全面的安全检查,并应在机械上设置醒目的反光标志,在台架周围设置防眩灯,显示作业现场的轮廓。

第 **3** 节　公路隧道内作业安全规定

在公路隧道内进行养护作业时,应遵守下列规定:

①养护作业控制区经划定后不得随意变更;作业人员不得在养护作业控制区外活动或将机械设备、材料置于养护作业控制区以外。

②养护施工路段内的照明应符合作业要求;养护施工路段内的空气质量应符合相关规定;养护作业用电安全应符合相关规定。

③作业现场应当按规定布置安全保护区,必须设置明显标志,应采取有效的防护措施,避免坠落物和飞溅物伤害或妨碍过路行人和行车安全。

④设置专人负责对作业现场进行安全管理和交通疏导。监控员对施工作业全过程进行监控,做好录像保存、交通信号灯切换、广播开启、变换可变信息标志内容等配合工作。

⑤单洞公路隧道内施工,最多设两处施工作业区,两处作业区布设间距必须大于500m。禁止占用双车道固定作业。

附录

公路隧道养护管理用表

A1. 公路隧道基本状况卡片（附表 A1、附表 A2）

公路隧道基本状况卡片（一）　　　　　　　　　　　附表 A1

A. 行政识别数据							
1	路线编号		2	路线名称		3	路线等级	
4	隧道编号		5	隧道名称		6	隧道桩号	
7	管养单位		8	建成年月		9	左/右洞	左/右
B. 结构技术数据							
10	隧道长度		11	隧道总宽		12	车行道宽度	
13	路面类型		14	路面高程		15	净高	
16	弯坡斜特征		17	人行横洞	有/无	18	车行横洞	有/无
土建结构	横截面形式	半圆形、抛物线、圆弧＋矩形，其他	机电设施	供配电设施	有/无	其他设施	绿化	有/无
	洞门形式	环框式、端墙式、翼墙式、柱式、台阶式、削竹式、挡墙式		照明设施	有/无		消音	有/无
	衬砌形式			通风设施	射流风机/轴流风机		污水处理	有/无
	检修道	有/无		消防救援设施	有/无		洞口雕塑	有/无
	吊顶材料			监控设施	有/无		房屋	有/无
	内装材料							
C. 档案资料（有、无、不全）							
19	设计图纸		20	设计文件		21	施工文件	
22	竣工图纸		23	验收文件		24	行政文件	
25	定期检查报告		26	特别检查报告		27	专项检查报告	

D. 最近技术状况评定								
28	检查年月		29	技术状况评定等级		30	下次检查年月	

公路隧道基本状况卡片（二）　　　　　　　附表 A2

E. 修建工程记录								
施工日期		修建类别	修建原因	工程范围	工程费用	设计单位	施工单位	监理单位
开工	竣工							

照片

隧道养护负责人		填卡人		填卡日期	

A2. 公路隧道巡查记录表（附表 A3）

公路隧道巡查记录表　　　　　　　附表 A3

公路隧道名称：　　　　　　　　　　　管养单位：

日　期：　　年　　月　　日		天　气：	
巡查人员：		巡查车辆：	
结构及设施名称		状态描述	
土建结构	洞口		
	洞门		
	衬砌		
	路面		
	检修道		

续上表

结构及设施名称		状态描述
土建结构	排水设施	
	吊顶及各种预埋件	
	内装饰	
	标志、标线、轮廓标	
机电设施	供配电设施	
	照明设施	
	通风设施	
	消防设施	
	监控与通信设施	
其他设施		

A3. 公路隧道土建结构检查记录表（附表 A4～附表 A6）

隧道土建结构检查记录表　　　　　　　　　　附表 A4

隧道名称：_____　路线名称：_____

隧道编码：_____　路线编码：_____

养护机构：_____　检查日期：_____天气：_____

里程桩号/异常位置	结构名称	检查内容	异常情况描述（性质、范围、程度等）	判　定		养 护 措 施		
				一般异常	严重异常	跟踪监测	维修处治	定期或专项检查

检查人：　　　　　　　　　　　　记录人：

隧道定期（特别）检查记录表　　　　　　　附表 A5

隧道名称：_____　　　　路线名称：_____

隧道编码：_____　　　　路线编码：_____

养护机构：_____

上次检查日期：_____　　　　本次检查日期：_____

里程桩号	结构名称	缺损位置	检查内容	状况描述（性质、范围、程度等）	标度 0~4	影像或图片（编号/时间）

检查人：　　　　　　　　　　　　　　　　记录：

隧 道 展 示 图　　　　　　　　　　　附表 A6

隧道名称：

土建结构（左洞）	左幅	病害照片											
		病害描述											
	拱部	病害照片											
		病害描述											
	右幅	病害照片											
		病害描述											
	桩号	K×××+000	20	40	60	80	100	120	140	160	180	200
土建结构（右洞）	左幅	病害照片											
		病害描述											
	拱部	病害照片											
		病害描述											
	右幅	病害照片											
		病害描述											
	桩号	K×××+000	20	40	60	80	100	120	140	160	180	200

填表说明：1. 此图为定期检查填写，每年的展示图电子版须保存。

2. 将隧道分为左幅、拱部和右幅，便于记录病害位置。

3. 将隧道两侧按路线方向进行桩号标记，病害照片同样按照桩号及左右幅，拱部进行标记并插入到图中相应单元格。

4. 插入图片后将图片属性设置成"大小、位置随单元格而变"即可。

A4. 公路隧道土建结构技术状况评定表（附表 A7）

公路隧道土建结构技术状况评定表

附表 A7

隧道情况	隧道名称			路线名称		隧道长度		建成时间	
评定情况	管养单位			上次 评定等级		上次 评定日期		本次 评定日期	
	分项名称	位置	状况值	权重 w_i	检测项目	位置	状况值	权重 w_i	
洞口、洞门 技术状况评定	洞口	进口			洞门	进口			
		出口				出口			

编号	里程	状况值							
		衬砌破损	渗漏水	路面	检修道	排水设施	吊顶	内装饰	标志、标线
max(JGCI_{ij})									
权重 w_i									

$$\text{JGCI} = 100 \cdot \left[1 - \frac{1}{4} \sum_{i=1}^{n} \left(\text{JGCI} \times \frac{w_i}{\sum_{i=1}^{n} w_i} \right) \right]$$

	土建结构评定等级	
养护措施建议		
评定人	负责人	

119

A5. 公路隧道土建结构维修记录表（附表 A8）

公路隧道土建结构维修记录表　　　　　　　　　附表 A8

作业单位：　　　　　　　　　年 月 日 时 分— 年 月 日 时 分

部　位	异常现象描述	维修措施	效 果 评 价
洞口			
洞身衬砌			
路面			
人行横洞和车行横洞			
竖（斜）井			
排水设施			
顶板和内装			
检修道			
交通标志			

A6. 公路隧道机电设施技术状况评定表（附表 A9）

机电设施技术状况评定表　　　　　　　　　附表 A9

隧道情况	隧道名称		路线名称		隧道长度		建成时间	
评定情况	管养单位		上次评定等级		上次评定日期		本次评定日期	
设施名称	供配电设施		照明设施	通风设施		消防设施	监控与通信设施	
设备完好率 E_i								
评定状况值（0~3）								
权重 w_i								
$JGCI = 100 \cdot \left(\dfrac{\sum\limits_{i=1}^{n} E_i w_i}{\sum\limits_{i=1}^{n} w_i} \right)$			机电设施评定等级					
养护措施建议								
评定人			负责人					

A7. 公路隧道机电设施检修记录表（附表 A10 ~ 附表 A27）

供配电设施经常性检修记录表（一）　　　　　　　　　附表 A10

隧道名称：

设施名称	检查项目	主要检修内容	检查情况
高压计量柜	计量仪表	计量仪表有无污染、计量是否准确	
高压隔离开关和负荷开关	触头	1. 有无污染、损伤； 2. 接触是否紧密； 3. 灭弧装置是否烧损	
	操作机构	操作机构有无污染	

续上表

设施名称	检查项目	主要检修内容	检查情况
高压隔离开关和负荷开关	负荷开关	采用SF$_6$绝缘和灭弧的装置应观测其壳体漏气率是否符合生产厂规定	
	高压熔断器	1.外观有无污染、烧伤痕迹; 2.熔断丝是否熔断	
35kV电力变压器	总体	1.有无污染、漏油、油量是否足够; 2.有无异常声响和过热; 3.噪声是否符合要求	
10kV电力变压器	总体	1.有无异常声响和过热; 2.噪声是否符合要求	
箱式变电站	总体	1.箱体外壳有无污染、破损和锈蚀; 2.室内温度和湿度是否符合要求; 3.噪声是否符合要求; 4.电缆进出线孔封堵是否密实	
电力电容器柜	电力电容器	1.外观有无污染、接头有无松动; 2.有无漏油、过热、膨胀现象; 3.绝缘是否正常,有无击穿现象	
	接触器	1.有无机械卡塞、噪声是否符合要求; 2.线圈直流电阻是否符合生产厂规定; 3.触头有无烧损痕迹,闭合是否紧密,动静触头是否中心相对; 4.能否正常动作; 5.引线接头有无污染、松动	
	控制器	控制器能否正常工作	
	熔断器	1.有无烧伤痕迹; 2.电熔丝是否完好	
	仪表	1.外表有无污染; 2.仪表能否正常显示	
低压开关柜	断路器	1.外观有无污染、裂痕; 2.触头有无烧伤,接触是否紧密; 3.有无明显的噪声; 4.脱扣器是否正常; 5.绝缘是否良好; 6.整定值能否满足系统保护要求; 7.引线接头有无污染、松动	

检查时间:　　　　　　　　　　　　　　　　检查人员:

供配电设施经常性检修记录表(二)　　　　附表A11

隧道名称:

设施名称	检查项目	主要检修内容	检查情况
低压开关柜	互感器	1.有无污染; 2.绝缘是否良好; 3.外部接线是否断开	

设施名称	检查项目	主要检修内容	检查情况
低压开关柜	热继电器	外部检查: (1)继电器外壳是否清洁、完整、嵌接良好; (2)外壳与底座接合是否紧密牢固,防尘密封是否良好,安装是否端正	
	二次回路	端子排是否污染、接线是否松动	
	双电源转换开关	外部检查: (1)转换开关外壳是否清洁、完整、嵌接良好; (2)外壳与底座接合是否紧密牢固,防尘密封是否良好,安装是否端正	
配电箱、插座箱、控制箱	箱体	接地是否良好	
	照明控制箱	1.可编控制程度是否正确; 2.自动集控手动操作是否正确(1次/周)	
	风机启动及控制柜	1.有无腐蚀及积水; 2.接触是否良好	
电力电缆	总体	1.外表有无损伤; 2.高压架空线路和电缆线路及其附属设施巡查	
综合微机保护装置	主站硬件设备	1.硬件设备运行状况检查(1次/d); 2.系统时钟检查(1次/月); 3.数据保存、备份设备整理(1次/d); 4.缆线检查、接插件紧固	
	子站硬件系统	1.硬件设备运行状况检查(1次/d); 2.缆线检查、接插件紧固	
	主站软件系统	1.数据备份(1次/d); 2.主站软件测试功能(1次/月); 3.日志检查(1次/月); 4.数据库检查(1次/月); 5.记录异常情况,处理、系统优化与调整(及时); 6.系统软件升级和补丁(1次/月); 7.防病毒软件升级(1次/月)	
直流电源、UPS电源、EPS电源	箱体	1.清洁表面; 2.检测、紧固连接端子; 3.测量、记录输入输出电压	
	电池组	1.电池组外观有无污染损伤,电池的电解液是否正常,温度是否正常; 2.电池的电压是否正常; 3.电池的绝缘是否正常	
	充电机及浮充电机	1.输出直流电压、电流是否正常; 2.整流装置是否正常	

检查时间:　　　　　　　　　　　　　　　　　　　检查人员:

供配电设施经常性检修记录表(三)　　　　附表 A12

隧道名称：

设施名称	检查项目	主要检修内容	检查情况
自备发电设备	负荷运行 30min 以上	1.启动、停止试验； 2.油压、异响、振动、过热检查； 3.额定转数及电压确定； 4.预热的情况是否正常； 5.各部分温度是否正常； 6.各机械的动作状态是否灵活； 7.自动调节励磁是否正常,响应时间是否正常	
	柴油发动机	1.外观有无污染、损伤； 2.计量有无异常、漏油、漏水； 3.各部分加油； 4.各部位有无松动	
	发动机	1.外观有无污染、损伤； 2.给轴承加油； 3.电刷的接触状态及磨损情况	
	接线	1.绝缘是否正常； 2.温度是否正常	
	启动装置	1.外观有无污染、损伤； 2.空气压缩机的润滑油量； 3.计量表是否正常； 4.有无异响、振动； 5.各部位有无污染、损伤,油量是否正常,有无变形、松动	
	燃料装置	1.外观有无污染、损伤； 2.有无漏油,储留量； 3.泵的运行状态是否正常； 4.燃料过滤器的手动操作是否可靠； 5.油位计及漏油开关的动作状态	
	润滑油装置	1.外观有无污染、损伤； 2.燃料过滤器的手动操作是否正常； 3.油的黏度是否正常； 4.保温装置的运行状态有无异常	
	冷却塔方式 冷却装置	1.外观有无污染、损伤； 2.冷却水量、水温是否正常,有无漏水； 3.运行状态	
	散热器方式 冷却装置	1.外观有无污染、损伤； 2.冷却水量、水温是否正常,有无漏水； 3.压力栓的工作状态是否正常	
	空气净化器 或换气扇	1.外观有无污染、损伤； 2.工作状况有无异常； 3.排气颜色有无异常	

设施名称	检查项目	主要检修内容	检查情况
自备发电设备	减振装置	减振橡胶、锚具螺栓有无变形、损伤	
	控制台	1.外观有无污染、损伤； 2.计量仪表,显示灯、故障显示器有无异常； 3.操作开关、继电器、电磁开关、配线断路器等有无异常； 4.柜内配线有无异常,有无污染、损伤、过热、松动、断线； 5.电压、电流、电量测量； 6.运行时间计量是否正常	

检查时间：　　　　　　　　　　　　　　　检查人员：

供配电设施定期检修记录表（一）　　　　　　附表 A13

隧道名称：

设施名称	检查项目	主要检修内容	检查情况
高压断路器柜	断路器触头、真空泡	1.触头有无烧损,接触是否紧密,动静触点中心是否相对； 2.触头或真空泡是否损坏； 3.操作机构是否正常,分、合闸时间是否符合生产厂规定	
	"五防"功能	1.在断路器处于分闸位置时,手车能否抽出和插入； 2.在手车处于不同位置时一次、二次回路是否正常； 3.断路器与接地开关的机械连锁是否正常； 4.柜后的上、下门连锁是否正常； 5.仪表板上带钥匙的控制开关(或防误型插座)是否正常	
	穿墙套管	穿墙套管有无破损	
	排气通道	排气通道有无堵塞	
	二次端子	端子有无污染松动	
	线圈	线圈绝缘是否良好	
	分合闸试验	1.分、合闸能否正常进行； 2.电磁式弹簧操纵机构有无卡塞,是否正常	
	运行	1.电气整定值是否满足电力系统要求； 2.保护装置能否与中央信号系统协调配合	
高压互感器与避雷器柜	高压互感器	有无污染、裂痕、绝缘是否良好	
	避雷器	1.避雷器外观有无损伤； 2.有无放电痕迹； 3.接地装置有无腐蚀； 4.预防性试验	
高压计量柜	电流互感器	有无污染、损伤、绝缘是否良好	
	计量仪表	仪表检验按"电力电容器柜"中"仪表"执行	
高压隔离开关和负荷开关	操作机构	有无卡塞,转动是否灵活	
	负荷开关	1.触头有无烧损,接触是否紧密,动静触点中心是否相对； 2.操作机构是否正常,分、合闸时间是否符合生产厂规定	
35kV电力变压器	总体	1.内部线圈直流电阻是否符合生产厂规定； 2.内部相间、线间及对地绝缘是否符合要求；	

续上表

设施名称	检查项目	主要检修内容	检查情况
35kV 电力变压器	总体	3.铭牌有无污染； 4.绝缘套管有无污染及裂痕； 5.接线端子有无污染、松动； 6.变压器油耐压测试	

检查时间：　　　　　　　　　　　　　　　　检查人员：

供配电设施定期检修记录表(二)　　　附表 A14

隧道名称：

设施名称	检查项目	主要检修内容	检查情况
10kV 电力变压器	总体	1.内部线圈直流电阻是否符合生产厂规定； 2.内部相间、线间及对地绝缘是否符合要求； 3.铭牌有无污染； 4.绝缘套管有无污染及裂痕； 5.接线端子有无污染、松动； 6.检查所有分接头的变压比	
箱式变电站	总体	1.箱体周围接地电阻是否符合要求； 2.各电器连接是否可靠，有无松动、发热； 3.室内电气元件检查按本规范相关内容执行	
低压开关柜	热继电器	1.内部和机械部分检查： (1)热元件是否烧毁； (2)进出线头是否脱落； (3)接线螺钉是否拧紧； (4)触头是否烧坏或动触头杆的弹性是否消失； (5)双金属片是否变形； (6)动作机构是否卡死； (7)继电器内是否清洁； (8)整定把手是否能可靠固定在整定位置； (9)触点固定是否牢固 2.校验： (1)一般性校验； (2)整定动作值与整定值误差不应超过 ±3%	
	仪表	按"电力电容器柜"中"仪表"执行	
	双电源转换开关	1.内部和机械部分检查： (1)转换开关端子接线是否牢固可靠； (2)构件是否磨损、损坏； (3)转换开关端子有无锈蚀； (4)手柄转运后，静触头和动触头是否同时分合； (5)转换开关可动部分是否灵活，旋转定位是否可靠、准确； (6)开关接线柱相间是否短路； (7)控制是否达到要求； (8)各部件的安装是否完好、螺栓是否拧紧、焊头是否牢固	

续上表

设施名称	检查项目	主要检修内容	检查情况
电力电缆	总体	1. 电缆线间、相间和对地绝缘是否正常； 2. 接头处是否正常，有无烧焦痕迹； 3. 电缆沟是否干净，有无杂物垃圾，有无积水，积油、盖板是否完整； 4. 高压架空线路及其附属设施登杆检查	
电缆桥架、槽盒、托架及支架	总体	1. 外表有无变形、断开； 2. 各部件连接是否紧固； 3. 有无腐蚀； 4. 接地是否良好	
变电所铁构件	总体	有无腐蚀	

检查时间：   检查人员：

供配电设施定期检修记录表（三）   附表 A15

隧道名称：

设施名称	检查项目	主要检修内容	检查情况
综合微机保护装置	主站硬件设备	设备的避雷性能与接地电阻检测	
	子站硬件系统	1. 通信管理机设备的除尘、清扫； 2. 设备的避雷性能与接地电阻检测	
直流电源、UPS 电源、EPS 电源	箱体	接地是否良好	
	电池组	进行一次容量恢复试验	
自备发电设备	柴油发动机	"三清"更换	
	接线	连接是否可靠	
	启动装置	1. 是否更换润滑油； 2. 附属装置是否正常； 3. 直流电动机是否满足启动要求； 4. 直流电动机是否正常	
	燃料装置	1. 给轴承部位加油； 2. 储油槽的排水泵是否通畅； 3. 各部分有无松动	
	润滑油装置	1. 泵的运行状态有无异常； 2. 除渣、放水	
	冷却塔方式冷却装置	1. 浮球阀的工作状态是否正常； 2. 轴承部位加油	
	散热器方式冷却装置	风扇工作状态是否正常	
	空气净化器或换气扇	1. 排气管、支撑接头有无裂纹、腐蚀； 2. 空气净化器有污染	
	控制台	供配电柜中定期检修项目	
	配线管	各接头有无松动	
	接地线	接地线有无断线，连接部位状态、接地电阻是否正常	

续上表

设施名称	检查项目	主要检修内容	检查情况
防雷接地设施	防雷装置	1.电源和信号输入端的浪涌保护器是否完好; 2.雷雨季节加强浪涌保护器的巡查; 3.外部防雷装置安装是否牢固,连接导线绝缘是否良好	
	接地装置	1.有无腐蚀; 2.接地电阻是否正常; 3.紧固接地连接; 4.保护处理接地连接段	

检查时间: 检查人员:

照明设施经常性检修记录表   附表 A16

隧道名称:

设施名称	检查项目	主要检修内容	检查情况
隧道灯具	总体	1.电压是否稳定,灯的亮度是否正常; 2.灯泡的损坏与更换; 3.引入线检查,电磁接触器、配电盘是否积水; 4.开关装置定时的准确性与动作状态有无异常	
	照度测试	超过灯具寿命周期后应进行照度测试(1 次/半年)	
洞外路灯	灯体	1.有无损坏、亮度目测是否正常; 2.防护等级检查	
照明线路	总体	回路工作是否正常	

检查时间: 检查人员:

照明设施定期检修记录表   附表 A17

隧道名称:

设施名称	检查项目	主要检修内容	检查情况
隧道灯具	总体	1.脱漆部位补漆及灯具修理更换; 2.补偿电容器、触发器、镇流器、金属器是否损坏; 3.绝缘检查	
	各安装部位	有无松动、腐蚀	
	密封性	灯具内是否有尘埃、积水、密封条是否老化	
	检修孔、手孔	有无积水	
洞外路灯	灯杆	1.外观有无裂纹、焊接及连接部位状况; 2.有无损伤及涂装破坏; 3.接地端子有无松动	
	基础	1.设置状况是否稳定; 2.有无开裂,损伤; 3.锚具、螺栓有无生锈、松动	
照明线路	全部	1.有无腐蚀及损伤; 2.托架是否松动及损伤; 3.对地绝缘检查	

检查时间: 检查人员:

通风设施经常性检修记录表　　　　　　　　　　附表 A18

隧道名称：

设施名称	检查项目	主要检修内容	检查情况
射流风机	总体	1. 风机运转过程中有无异响； 2. 风机运转时电流值是否在额定值内； 3. 风机反转是否正常； 4. 维护性开启频率(1 次/15d)	
	各安装部位	1. 有无松动、腐蚀现象； 2. 安全吊链的松紧程度	
轴流风机	总体	1. 运转状态有无异响和异常振动； 2. 各计量仪器、仪表读数是否正确； 3. 维护性开启频率(1 次/15d)	
	减速机	油量是否正常	
	润滑油冷却装置	1. 配管、冷却器、交换器、循环泵的状态； 2. 运转中有无振动、异响、过热现象	
	气流调节装置	动作状态有无异常	
轴流风机及离心风机	驱动轴	1. 接头、齿轮润滑油状态有无异常； 2. 传动轴的振动与轴承温度有无异常	
	电动机	1. 运转有无异响、振动、过热； 2. 连接部的工作状态	

检查时间：　　　　　　　　　　　　　　　　检查人员：

通风设施定期检修记录表　　　　　　　　　　附表 A19

隧道名称：

设施名称	检查项目	主要检修内容	检查情况
射流风机	叶片	叶片是否清洁,有无异响	
	电动机	1. 转动轴有无振动、异响、过热； 2. 润滑油的检查、更换及轴承清洗； 3. 电机拆卸检查、轴承清洗与油脂更换； 4. 防护情况检查； 5. 绝缘测试； 6. 三相电流平衡试验； 7. 运行中的电动机温升是否正常	
	其他	拆卸组装后的网速及推力测试	
轴流风机	总体	1. 基础螺栓及连接螺栓的状态有无异常； 2. 轴承温度、油温、油压有无异常； 3. 振动测试有无异常； 4. 逆转 1h 以上的工作状态有无异常； 5. 与监控测试联动试验； 6. 手动旋转的平衡状况； 7. 正、反转间隔一定时间的试验； 8. 叶片安装状态检查	

续上表

设施名称	检查项目	主要检修内容	检查情况
轴流风机	减速机	1. 有无异响、油温是否正常; 2. 润滑油老化试验; 3. 更换油脂	
	气流调节装置	1. 内翼有无损伤、裂纹; 2. 密封材料状态	
	动翼、静翼及叶轮	1. 翼面有无损伤、剥离; 2. 焊接部有无损伤; 3. 检查叶轮液压调节装置	
轴流风机及离心风机	导流叶片及异型管	有无生锈、涂装剥离、螺母松动	
	驱动轴	加油脂	
	电动机	1. 绝缘测试; 2. 三相电流平衡试验	
	消音器	1. 清扫消音器内壁灰尘; 2. 噪声检测; 3. 吸音材料检查与变质材料更换	
	其他	1. 仪表的检查、校正和更换; 2. 供油装置的检验; 3. 必要时的金属探伤; 4. 组装、检查后的试运转及风速、推动测试	

检查时间: 　　　　　　　　　　　　　　　　检查人员:

消防设施经常性检修记录表　　　　　　　附表 A20

隧道名称:

设施名称	检查项目	主要检修内容	检查情况
火灾报警设施	火灾传感器	清洁表面	
	视频型火灾报警装置	清洁表面	
	手动报警按钮	1. 清洁表面; 2. 检查防水性能	
	火灾报警控制器	1. 清洁表面; 2. 检查防水性能; 3. 线缆连接是否正常	
消火栓及灭火器	总体	1. 有无漏水、腐蚀,软管、水带有无损伤; 2. 室外消火栓的放水试验及水压试验; 3. 确认灭火器的数量及其有效期; 4. 灭火器腐蚀情况; 5. 设备箱体及标识检查	
阀门	总体	1. 外观检查,有无漏水、腐蚀; 2. 操作试验是否正常; 3. 导通试验	

续上表

设施名称	检查项目	主要检修内容	检查情况
水喷雾灭火设施	总体	1. 检查系统组件工作状态； 2. 检查设备外表； 3. 检查管路压力； 4. 检查报警装置； 5. 检查系统功能	
水泵接合器	总体	1. 清洁表面、内部； 2. 检查密封性	
水泵	总体	1. 运转时有无异响、振动、过热，压力上升时闸阀的动作是否正常； 2. 外观有无污染与损伤； 3. 轴承部位加油与排气检查； 4. 启动试验与自动阀同时进行； 5. 紧固泵体各部连接螺栓； 6. 清除离心泵泵内垃圾	
电动机	总体	1. 运转时有无异响、振动、过热； 2. 外观有无污染、损伤； 3. 电压、电流检测； 4. 启动试验	
给水管	总体	有无漏水，闸阀操作是否灵活	
消防水池	总体	1. 有无渗漏水； 2. 水位是否正常及液位检测器是否完好； 3. 泄水孔是否通畅	
电光标记	总体	1. 检查、调节 LED 集束像素管的发光亮度； 2. 检查显示功能是否正常； 3. 外观有无污染、破损、锈蚀、字迹是否清晰	

检查时间：   检查人员：

消防设施定期检修记录表   附表 A21

隧道名称：

设施名称	检查项目	主要检修内容	检查情况
火灾报警设施	火灾传感器	各回路的报警随机抽检试验	
	视频型火灾报警装置	各回路的报警随机抽检试验	
	手动报警按键	1. 报警信号及传输测试； 2. 各回路的报警随机抽检试验	
	火灾报警控制器	报警试验	
液位检测器	总体	1. 电极棒液位控制装置检查； 2. 浮球磁性液位控制器检查； 3. 超声波液位计检查； 4. 仪器检测精度标定	

续上表

设施名称	检查项目	主要检修内容	检查情况
消火栓 及灭火器	总体	1.泡沫消火栓的使用与防渣检查； 2.消火栓的放水试验及水压试验； 3.寒冷地区消防管道的防冻检修	
阀门	总体	保温装置的状况	
水喷雾灭火 设施	总体	1.清洗雨淋阀本体的密封圈； 2.检查阀瓣断头和锁紧销； 3.清洗控制阀和密封膜； 4.管网耐压试验	
水泵接合器	总体	送水加压功能是否正常	
电动机	总体	1.各连接部情况； 2.绝缘试验	
给水管	总体	1.管支架是否腐蚀、松动； 2.洞外及隧道内水管的防冻、防盐雾腐蚀； 3.管过滤器清洗	
气体灭火设施	总体	1.与火灾报警控制器联动试验； 2.检查气溶胶	
消防水池	总体	1.水池的清洁； 2.寒冷地区保温防冻检查	

检查时间：　　　　　　　　　　　　　　　　　　检查人员：

监控与通信设施经常性检修记录表（一）　　　　　　附表 A22

隧道名称：

设施名称	检查项目	主要检修内容	检查情况
亮度检测器	总体	1.有无误差； 2.安装是否松动等	
能见度检测器	感光单元	1.外观是否有污染、损伤； 2.聚焦镜、防护罩全面检查	
	监控单元	1.外观有无污染、损伤； 2.调整工作状态、透过率指标	
CO 检测器	分析仪及 自动校正装置	1.确认分析仪的指示值是否正确； 2.空气过滤器是否有污染	
	吸气装置	1.吸气泵的运转有无异响、过热、振动； 2.外观有无污染、损伤； 3.检查检测仪读数有无异常	
风速风向 检测器	分析仪及自动 校正装置	1.确认分析仪的指示值是否正确； 2.确认自动校正装置的功能	
车辆检测器	控制单元	1.外观有无污染、损伤； 2.运行状态； 3.各种测量数据可靠度	

续上表

设施名称	检查项目	主要检修内容	检查情况
闭路电视监控系统	摄像机	1.外观有无污染、损伤； 2.动作确认	
	安装部位	是否松动、锈蚀	
	控制装置	1.外观有无污染、损伤； 2.操作是否灵敏、正常； 3.与紧急电话等的联动试验； 4.与防灾控制的联动试验(1次/15d)； 5.电压、电流测量	
	编解码器	编解码是否正常	
	视频矩阵	视频切换、控制是否正常	
	操作台	1.外观有无污染、损伤； 2.功能是否正常	
	监视器	1.外观有无污染、损伤； 2.图像是否清晰、稳定	
	硬盘录像机	1.检查BNC接头； 2.测试硬盘录像机的指标(1次/周)	
视频交通事件检测器	总体	1.外观有无污染、损伤； 2.各种测量数据可靠度	
大屏幕投影系统	总体	1.亮度一致性； 2.色彩、分辨率； 3.经图像拼接控制器的视频图像； 4.经RGB矩阵的显示器信号质量； 5.经网络的PC信号质量； 6.对视频矩阵的调用、切换； 7.开关视频、PC信号窗口； 8.窗口缩放、移动、多视窗显示等； 9.图像参数调整	
地图板	总体	1.日期、气象显示是否正确； 2.其他显示功能是否正常； 3.道路动态光带显示； 4.亮度、色彩均衡和图像清晰度； 5.电源测试	

检查时间：　　　　　　　　　　　　　　　　检查人员：

监控与通信设施经常性检修记录表(二)　　　　附表A23

隧道名称：

设施名称	检查项目	主要检修内容	检查情况
紧急电话及广播	中波播音装置	1.行车接听试验； 2.外观有无污染、损伤	
	扩音装置	外观有无污染、损伤	

续上表

设施名称	检查项目	主要检修内容	检查情况
紧急电话及广播	操作平台	外观有无污染、损伤	
	话筒	外观检查	
	紧急电话	1.外观有无污染、损伤; 2.通话效果试验	
本地控制器	总体	1.浪涌保护器检查; 2.加热器或散热器检查; 3.数据采集周期; 4.发送控制命令时延; 5.独立运行功能测试; 6.通信功能; 7.传输性能; 8.自检功能检查	
横通道门	总体	1.是否损坏; 2.开关是否自如	
横通道控制箱	总体	1.可编控制程度是否正确; 2.自动及手动操作是否正确(1次/周)	
交通控制和诱导设施	可变信息标志	1.外观检查; 2.查找不良像素管	
	可变限速标志	1.外观检查; 2.查找不良像素管	
	车道指示器	外观检查	
	交通信号灯	外观检查	
通信设施	光缆、电缆	1.光缆、电缆线路巡视检查; 2.尾纤(缆)、终端盒、配线架外观检查; 3.人孔内检查	
	光端机	1.发送光功率; 2.光接收灵敏度; 3.传输误码率	
	路由器、交换机	1.设备运行情况和网络运行数据检查; 2.告警显示检查; 3.路由器的路由表和端口流量检查; 4.交换机虚拟局域网表和端口流量检查; 5.散热风扇检查	
监控室设备及系统	总体	1.各部位清洁检查; 2.病毒的防治; 3.系统时钟检查; 4.硬件设备运行状况检查; 5.设备功能与工作状态检查; 6.数据保存、备份设备检查	
监控室	总体	温湿度及清洁检查(1次/周)	

检查时间: 　　　　　　　　　　　　　　　检查人员:

监控与通信设施定期检修记录表（一）　　　　　附表 A24

隧道名称：

设施名称	检查项目	主要检修内容	检查情况
亮度检测器	总体	仪器检测精度标定	
能见度检测器	监控单元	1. 计量仪、显示器、故障显示灯是否正常； 2. 操作开关、继电器、电磁开关、配线断路器是否正常； 3. 配线有无异常、污染、损伤、过热、松动、断线等	
	仪器标定	仪器整体检测精度	
CO 检测器	分析仪及自动校正装置	1. 确认除湿装置的功能； 2. 确认自动校正装置的功能； 3. 检查通风装置的功能	
	采气口	隧道采气口过滤器的更换	
	监控单元	按"能见度检测器"中"监控单元"执行	
	仪器标定	仪器整体检测精度	
风速风向检测器	监控单元	按"能见度检测器"中"监控单元"执行	
	仪器标定	仪器整体检测精度	
车辆检测器	检测单元	1. 外观有无污染、损伤； 2. 检查动作及调整灵敏度； 3. 安装状态	
	监控单元	1. 测量仪、显示器、故障显示灯有无异常； 2. 测定传输电流； 3. 电子线路板、继电器的安装状态； 4. 柜内配线有无损伤、过热、松动、断线； 5. 检测线圈绝缘电阻及电感量	
闭路电视监控系统	摄像机	1. 电流电压测量； 2. 调整聚焦及焦距	
	安装部位	是否松动、锈蚀	
	控制装置	机内维护	
大屏幕投影系统	总体	电源测试	
地图板	总体	紧急电话摘、挂机信息显示	

检查时间：　　　　　　　　　　　　　　　　　　检查人员：

监控与通信设施定期检修记录表（二）　　　　　附表 A25

隧道名称：

设施名称	检查项目	主要检修内容	检查情况
紧急电话及广播	中波播音装置	1. 电压及输出功率测定； 2. 调制输入确认； 3. 设备清洁	
	扩音装置	1. 电压、电流测量； 2. 确认输出功率	

续上表

设施名称	检查项目	主要检修内容	检查情况
紧急电话及广播	操作平台	1. 紧急播音试验； 2. 监控试验； 3. 电流、电压测量	
	话筒	紧急播音试验	
	扩音器	1. 安装状态检测； 2. 接听试验	
	紧急电话	1. 内部检查； 2. 测定输入、输出电流； 3. 强制切断试验； 4. 测定接地阻抗	
本地控制器	总体	电源测试	
交通控制和诱导设施	可变信息标志	1. 清洁像素管、电路板； 2. 运行检测程序检测整体性能； 3. 各接线端子是否松动； 4. 更换像素管； 5. 紧固连接螺栓	
	可变限速标志	1. 清洁像素管、电路板； 2. 运行检测程序检测整体性能； 3. 各接线端子是否松动； 4. 更换像素管	
	车道指示器	1. 查找不良像素； 2. 清洁像素管、电路板； 3. 各接线端子是否松动； 4. 更换像素管； 5. 紧固连接螺栓	
	交通信号灯	1. 查找不良像素； 2. 清洁像素管、电路板； 3. 各接线端子是否松动； 4. 更换像素管	
通信设施	光缆、电缆	1. 光纤通道后散射信号曲线测试检查； 2. 电缆绝缘电阻测试； 3. 光缆、电缆防雷和接地装置检查	
电视监控设施及系统	总体	1. 各部位的电压、电流检查； 2. 发热检查； 3. 系统启动的动作确认； 4. 控制软件维护与系统联动； 5. 打印设备状况检查	
监控室	总体	地板抗静电检查	

检查时间：   检查人员：

机电设施故障记录表附   附表 A26

隧道名称：   （上行洞/下行洞）   路线名称：

隧道编码：   路线编码：

养护机构：   故障日期：　年　月　日   天气：

设备名称	
设备位置	
故障部位	
故障的原因及内容	
应急措施	

检查人：   记录人：

机电设施故障月报表   附表 A27

隧道名称：   （上行洞/下行洞）   路线名称：

隧道编码：   路线编码：

养护机构：   故障日期：　年　月　日

编　号	故　障　日	故障地点	设备名称	故障或事故概要	原因及处置	修复时间	备注

制表：   复核：   审定：

A8. 公路隧道监控室值班记录表（附表 A28）

公路隧道监控室值班记录表   附表 A28

班次：   填表日期：　年　月　日

设备	操作原因	开启时间	开启操作内容	关闭时间	关闭操作内容	签字
照明						
通风						
卷帘门						
信号灯						
消防水泵						
自动栏杆						
紧急电话有线广播						
可变信息标志						

附录B 公路隧道定期检查报告编制范本

(路线编号 + 路线名称 + 中心桩号 + 隧道名称)定期检查报告

1 概况

1.1 隧道概况

包括：
①隧道所处具体位置,所在公路及公路等级;
②修建年代,设计、施工单位;
③主要技术指标;
④隧道地理位置平面图;
⑤隧道照片;
……

1.2 上次检查概况

包括：
①上次检查时间、检查单位和主要结果;
……

1.3 检查目的

通过对隧道的全面检查,达到下列目的:
①通过对隧道土建结构、机电设施、其他工程设施病害和故障全面细致和深入的检查,查明病害或潜在病害和故障的部位、性质、严重程度及发展趋势,分析病害产生的主要原因,评定隧道的使用功能,并提出相应的养护对策。
②通过对隧道技术状况的全面检查和评定,提出结构维修、加固技术建议,为隧道维修加固提供技术依据。
③通过隧道技术状况的综合评定,确定隧道的技术状况等级,分析和评价缺损对承载能力的影响,对进行特殊检查的必要性进行分析。
④对隧道管理系统数据库的基本数据进行校核,对数据有误或数据变更提供相应的变更数据和补充数据,为公路隧道管理系统提供数据支撑。

1.4　标准及依据

1.5　隧道检查编号

……

1.6　仪器设备

本次检查所用仪器设备见附表 B1。

检查所用仪器设备一览表　　　　　　　　　　　　　　　　附表 B1

序号	仪器设备名称	型号规格	产地	单位	数量	备注

1.7　人员

参加定期检查的人员见附表 B2。

检查人员一览表　　　　　　　　　　　　　　　　附表 B2

序号	姓名	专业	项目分工	职称	证书编号	备注

1.8　检测组织情况

检测分为××个阶段：

×月×日—×月×日,第一阶段,主要工作内容：……

×月×日—×月×日,第二阶段,主要工作内容：……

……

2　检查内容及方法

2.1　隧道土建结构检查内容

本次隧道土建结构的检查内容见附表 B3。

土建结构检查内容　　　　　　　　　　　　　　　　附表 B3

检查项目	检查内容

2.2　隧道机电设施检查内容

隧道机电设施的检查内容见附表 B4。

机电设施的检查内容　　　　　　　　　　　　　　　　附表 B4

检查项目	检查内容

注：机电设施应写明各设施的设置情况、数量。

2.3 隧道其他工程设施检查内容

隧道其他工程设施的检查内容见附表 B5。

其他工程设施的检查内容   附表 B5

检 查 项 目	检 查 内 容

2.4 检查方法

……

2.5 检查抽样原则

……

本项目按委托合同进行 100% 全数检测。

2.6 检测评定方法

……

3 隧道土建结构定期检查结果

3.1 隧道土建结构技术状况等级评定结果

检查概况：……

根据检查结果，分析主要病害情况：……

×××隧道土建结构技术状况评定结果见附表 B6。

隧道(左/右洞)土建结构技术状况评定表   附表 B6

隧道名称		路线名称		隧道长度		建成时间	
管养单位		上次评定等级		上次评定日期		本次评定日期	
洞门、洞口技术状况评定	位置	状况值	权重	检测项目	位置	状况值	权重	轻微破损

	位置	状况值	权重	检测项目	位置	状况值	权重	轻微破损
洞门、洞口技术状况评定	洞口	进口			洞门	进口		
		出口				出口		

编号	里程	状况值							
		衬砌破损	渗漏水	路面	检修道	排水设施	吊顶	内装饰	标志标线

编号	里程	状况值								
		衬砌破损	渗漏水	路面	检修道	排水设施	吊顶	内装饰	标志标线
$\max(\mathrm{JGCI}_{ij})$									
权重 w_i									
$\mathrm{JGCI}=100\cdot\left[1-\dfrac{1}{4}\sum\limits_{i=1}^{n}\left(\mathrm{JGCI}_i\times\dfrac{w_i}{\sum\limits_{i=1}^{n}w_i}\right)\right]$			土建结构 评定等级						
养护措施建议									
评定人			负责人						

3.2 病害情况

附表 B7 为×××隧道土建结构病害外观检测记录表,具体病害展示见附表 B8。

隧道(左/右洞)土建结构病害检查记录表   附表 B7

里程桩号	结构名称	缺损位置	检查内容	状态描述(性质、范围、程度等)	标度(0~4)	影像或图片(编号/时间)

隧道土建结构病害展示　　　　　　　　　　　　　　　　附表 B8

土建结构（左洞）	左幅	病害照片								
		病害描述								
	拱部	病害照片								
		病害描述								
	右幅	病害照片								
		病害描述								
	桩号									
土建结构（右洞）	左幅	病害照片								
		病害描述								
	拱部	病害照片								
		病害描述								
	右幅	病害照片								
		病害描述								
	桩号									

填表说明：1. 此图为定期检查填写，病害照片处填写照片编号，并将照片文件夹电子版与报告一同提交。

2. 将隧道分为左幅、拱部和右幅，便于记录病害位置。

3. 将隧道两侧按路线方向进行桩号标记，病害照片同样按照桩号及左右幅、拱部进行标记。

3.3　典型病害照片（附典型病害照片及病害说明）

4　隧道机电设施定期检查结果

4.1　隧道机电设施技术状况等级评定结果

检查概况：……

根据检查结果，分析主要病害情况：……

机电设施技术状况评定表……

4.2　病害情况

病害检查记录表

……

4.3　典型病害照片（附典型病害照片及病害说明）

5　隧道其他工程设施定期检查结果

5.1　隧道其他工程设施技术状况等级评定结果

检查概况：……

根据检查结果，分析主要病害情况：……

其他工程设施技术状况评定表……

5.2　病害情况

病害检查记录表

……

5.3 典型病害照片(附典型病害照片及病害说明)

……

6 隧道总体技术状况评定

隧道技术状况评定依据……

总体技术状况评定结果……

7 检测评定结果分析

7.1 主要病害变化趋势

将隧道本次定期检查结果和上次检查结果进行对比分析(附表 B9),评价隧道主要病害的发展变化趋势。

主要病害变化趋势表   附表 B9

序　　号	主要病害	上次检查结果	本次检查结果	变 化 趋 势

注:变化趋势统一为:趋向稳定、发展缓慢和发展较快三类。

7.2 隧道土建结构

1.……;

2.……;

……

7.3 隧道机电设施

1.……;

2.……;

……

7.4 隧道其他工程设施

1.……;

2.……;

……

8 维修及养护建议

建议主要包括:

①进行专项检查的建议;

②养护建议;

③病害处治建议;

……

附录C 公路隧道应急预案编制

公路隧道的紧急事故主要包括交通事故、火灾事故、危险品泄漏事故和地震灾害四类。对于公路隧道紧急事故的处理,必须建立在防灾救灾预案的基础上。特长隧道、长隧道应制订专项应急预案,其他隧道可制订通用应急预案。

应急预案应包括下列内容:适用范围和事件类型;处置目标和原则;指挥调度体系和信息报送发布规定;处置方案和步骤,包括交通管制、处置队伍进场、疏散和人员救护、现场处置、损失检查与通行条件评估;应急队伍的组成,包括人员和装备的来源、规模、作用和现场安全防护等要求。

隧道应急预案的编制要求如下:隧道管理单位应结合隧道设施的特点,依据不同的事故类型和事故场景,仔细研究制订各类应急预案,落实应急处置的保障措施,并在实践中不断予以完善。隧道应急预案应尽可能做到科学、合理、完整且可操作。预案中必须明确发生不同灾害事故时监控、路政、交通、养护等各部门的工作流程及具体措施。

×××隧道应急预案编制提纲示例

1 总则
1.1 编制目的
1.2 编制依据
1.3 分类分级
1.4 工作原则
1.5 适用范围
2 应急组织体系
2.1 组织机构
2.2 工作职责
3 运行机制
3.1 预测与预警
3.1.1 预警信息
3.1.2 预警分级
3.1.3 预警启动程序
3.1.4 应急资源征用
3.2 应急处置
3.3 恢复与重建

附录D 公路隧道管理系统用户手册（v1.8）

第1章 系统介绍

1.1 系统概述

公路隧道管理系统是基于隧道土建结构、机电设施、其他工程设施、病害机理、检测技术、技术状况评定和数据采集技术，运用计算机技术数据处理功能、评价决策方法和管理学理论，实现对公路隧道基础数据登记、病害检测记录、状况评价分析和养护决策等功能的一套综合管理系统。系统中的隧道养护工作要求与隧道技术状况评定基于《公路隧道养护技术规范》(JTG H12—2015)建立。此外，系统采用 Web 技术及 B/S 架构(附图 D1)，仅需在服务器端安装公路隧道管理系统(CTMS 2015)软件，用户便可用浏览器通过网络完成隧道养护信息管理的操作。

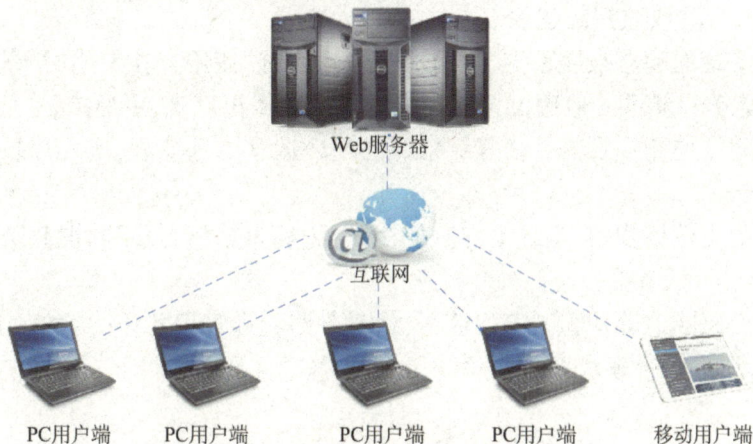

附图 D1　系统架构图

1.2 系统开发依据

公路隧道管理系统(CTMS 2015)基于以下标准/规范/制度建立：

(1)《公路隧道养护技术规范》(JTG H12—2015)；

(2)《公路养护统计报表制度》；

(3)《计算机软件文档编制规范》(GB/T 8567—2006)；

(4)《计算机软件需求规格说明规范》(GB/T 9385—2008)；

(5)《计算机软件测试文档编制规范》(GB/T 9386—2008)；

（6）《计算机软件可靠性和可维护性管理》（GB/T 14394—2008）；

（7）《计算机软件测试规范》（GB/T 15532—2008）。

1.3　系统应用目标

目前大多数地方的隧道管理仅停留在手工登记、递送检测信息的阶段，没有实现养护管理的信息化目标。结合本地公路养护管理监管平台的软硬件环境，建立针对本地特点的隧道管理系统，通过系统的建立能够有效提高公路隧道管理信息化与规范化水平，加强养护管理力度，最终实现以下目标：

（1）掌握运营公路隧道的基本情况，校核更新既有内业资料，建立完整的公路隧道信息档案，将所辖公路隧道进行整合，实现联网动态管理，完成各级公路隧道养护档案管理工作的电子化和数据化建设，满足交通运输部"十四五"规划中公路信息化建设的要求。

（2）采用最新的国高网路线代码编码规则对隧道进行重新编码。

（3）督促公路隧道的定期检查工作，严格按照 2015 年 3 月 1 日执行的《公路隧道养护规范》（JTG H12—2015）和《公路养护统计报表制度》建立基础数据，规范养护管理工作流程，统一隧道技术状况评定标准。

（4）根据定期检查情况查明公路隧道的土建结构、机电设施、其他工程设施的病害（损坏）情况，掌握隧道的技术状况等级和退化程度，通过检测结果提出相应的养护、维修加固建议，为隧道的养护维修提供技术支持。

（5）提早预测公路隧道的安全隐患，对难以判断其损坏程度和原因的隧道病害，提出进一步检测、试验或监控的建议。

（6）通过系统的动态报表系统、隧道地理信息系统，使用户在使用时不仅方便、快捷和高效，而且能够对隧道的地理位置和病害情况了解得更直观、更形象。

（7）通过建立检测—维修—修复—检测的闭环病害处理流程，实现养护工作过程的信息化管理。

（8）基于历史数据积累，实现纵向数据比对，为病害分析、技术状况趋势分析提供数据支持。

（9）规范公路隧道养护管理工作流程，通过公路隧道管理系统（CTMS 2015）的应用，全面提升服务质量和管理水平，充分体现公路的基础性和公益性。

第 2 章　系统各模块功能介绍

公路隧道管理系统（CTMS 2015）内容主要分为 8 大应用模块，60 个菜单项。系统功能设计如附图 D2 所示，系统登录界面如附图 D3 所示，系统登录后初始界面如附图 D4 所示。系统包括以下 6 个功能模块。

①系统各个模块的功能选择区；

②管养单位/隧道范围选择；

③选择单位的基本统计信息；

④选择单位的分类统计信息及图表展现区；

⑤登录用户信息；

⑥系统的注销登录区。

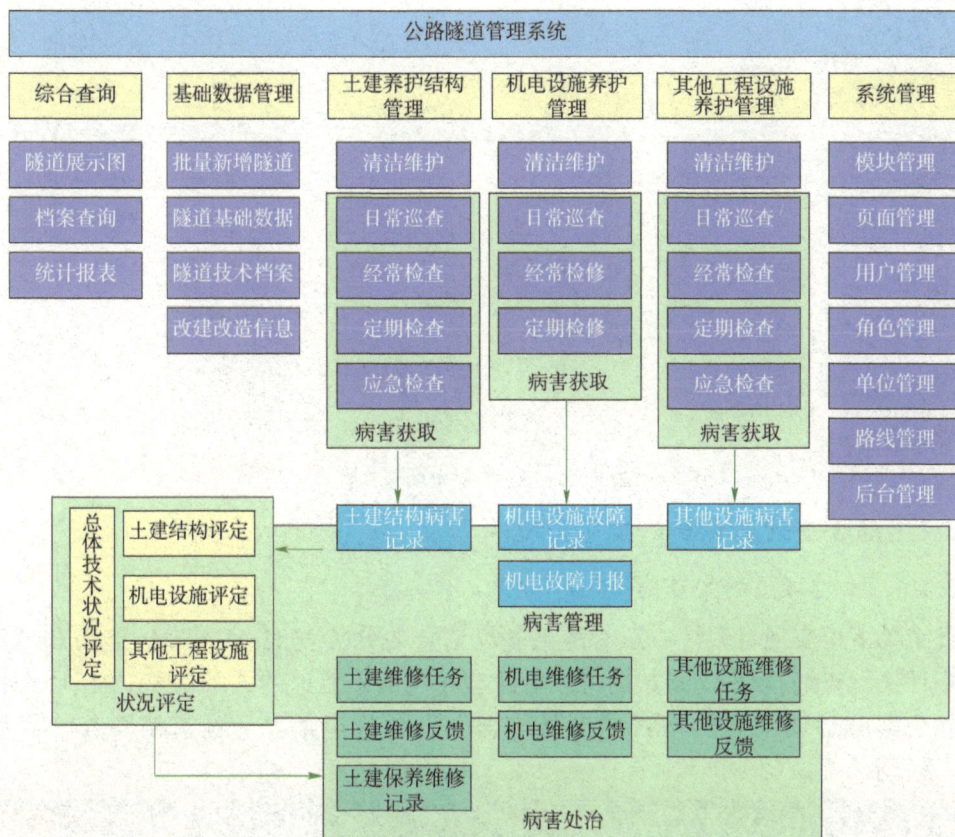

附图D2　系统功能设计图

附图D3　系统登录界面

附图 D4　系统登录后初始界面

2.1　综合查询展示模块功能介绍

2.1.1　公路隧道档案查询

此菜单下可实现对系统中所有隧道基础信息的分类查询,点击高级查询和自定义查询条件执行查询,双击该条数据将弹出窗口并显示该隧道的详细信息,导出明细按钮可以按公路隧道明细表的格式导出当前查询出的隧道信息。隧道档案查询界面如附图 D5 所示。

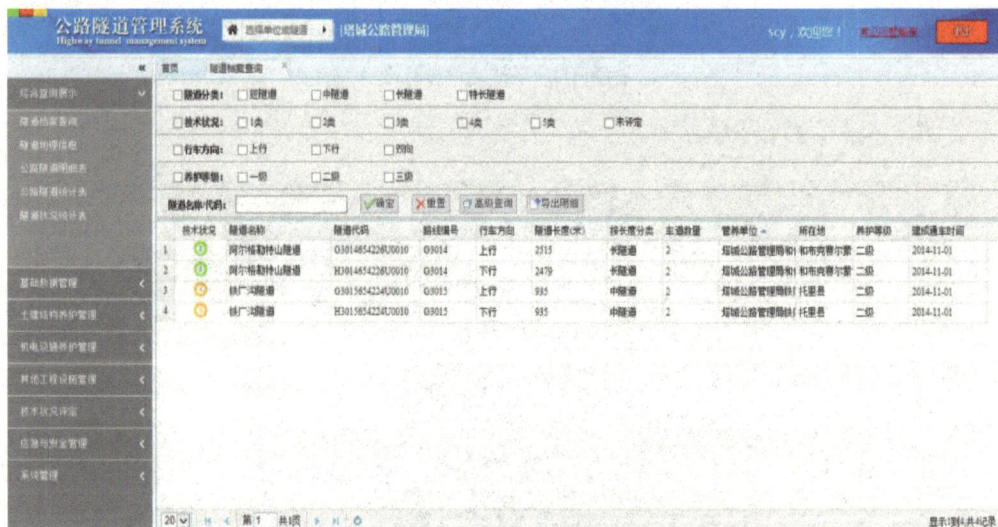

附图 D5　公路隧道档案查询界面

2.1.2　公路隧道地理信息

此菜单中提供基于百度地图的隧道地理信息展示(附图 D6),用户可通过输入经纬度或在地图上选择位置对指定隧道进行定位。通过左侧导航树可以进行根据管养单位、行政区、路线号的过滤,通过地图上右下角的面板可以实现技术状况、养护等级、行车方向、隧道分类四种维度的过滤。过滤后地图上将只显示符合条件的隧道地理位置信息,鼠标经过隧道时弹出简要信息悬浮窗,点击查看隧道基础数据弹出隧道详细信息,点击右下角切换至录入界面,可切换至经纬度录入表单进行数据录入。

附图 D6　隧道地理信息界面

2.1.3　公路隧道明细表

此菜单可将系统中隧道以《公路养护统计报表制度》中"公路隧道明细表(交工 25 表)"的格式要求生成统计报表,并可通过"导出"按钮导出为 Word 文档(附图 D7)。

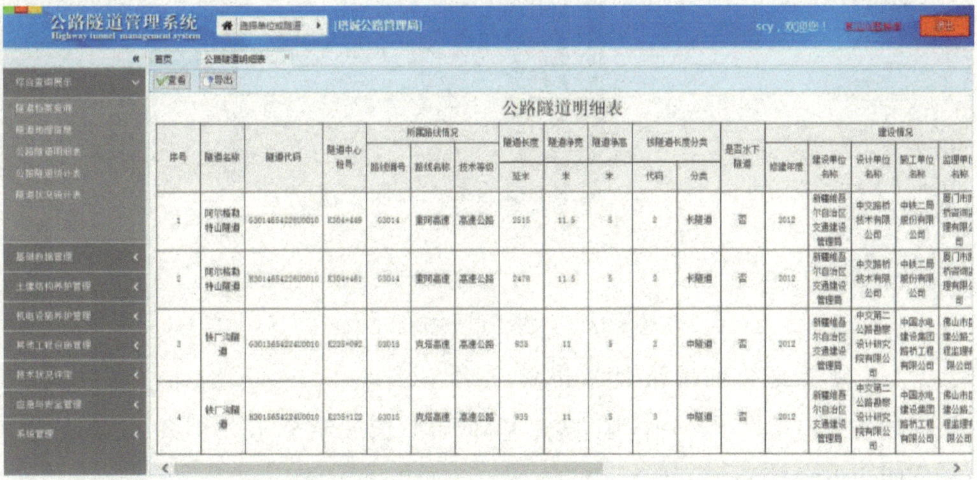

附图 D7　系统导出公路隧道明细表

2.1.4　公路隧道统计表

该菜单可生成多种常用隧道统计报表(附图 D8)。该报表包含隧道组织机构统计表、隧道分类统计表、隧道技术状况统计表、隧道养护等级统计表。隧道组织机构统计表共包含 3 个维度的统计方式,可根据所属的管养单位的信息进行层级详细查看。其后 3

个页签包含 8 个维度的隧道分类统计、8 个维度的隧道技术状况统计、8 个维度的隧道养护等级统计共 24 张常用统计报表,点击统计数字和展示详细信息,并可通过"导出"按钮导出为 Word 文档。

附图 D8　公路隧道统计报表界面

2.1.5　公路隧道状况统计表

此菜单可将系统中隧道以隧道分类、隧道技术状况等统计数据以图表的形式展现出来。隧道状况统计表界面如附图 D9 所示。

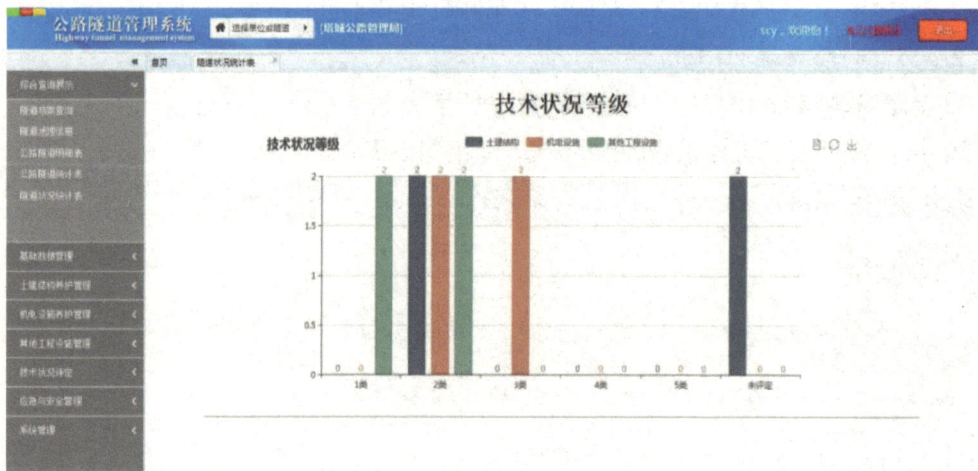

附图 D9　公路隧道状况统计表界面

2.2　基础数据管理模块功能介绍

该模块主要包括以下 4 项内容:隧道基础数据、信息导入、技术档案、改建改造信息。其界面如附图 D10 所示。

2.2.1　公路隧道基础数据

该菜单主要实现隧道基础数据的录入、编辑、修改及删除、查询功能,回收站提供已删隧道的找回功能。隧道基础数据分为四类:识别、土建结构、机电设施、其他工程设施。

2.2.2　公路隧道信息导入

此菜单主要为在系统中批量添加隧道识别信息提供服务。通过系统下载模板文件,用户在模板文件中填写完隧道相关信息并上传到系统中;系统解析文件中的数据并进行验证,将验证结果展示在页面中,用户根据验证结果进行修改,全部数据校验通过后,可将数据提交和保存至后台服务器。

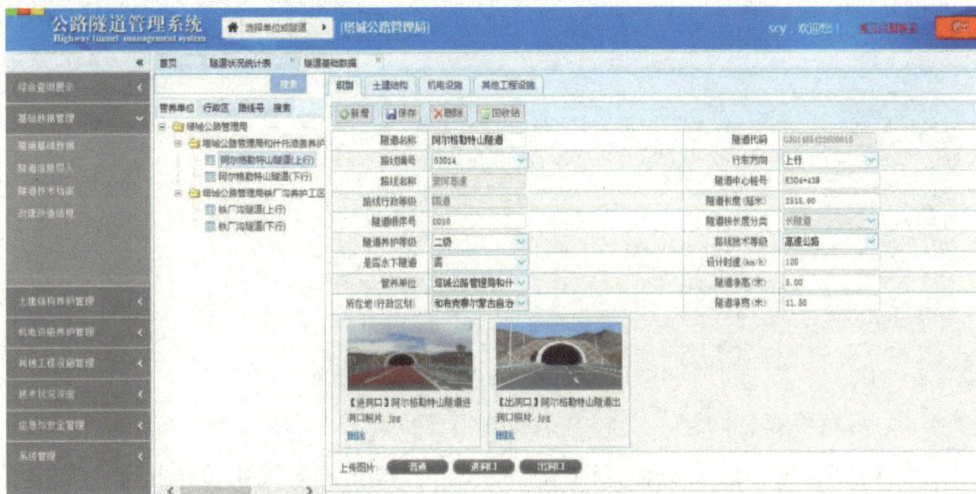

附图 D10 基础数据管理界面

2.2.3 公路隧道技术档案

该菜单提供各隧道的技术档案管理功能。技术档案分为建设期档案和运营期档案两大类,每类又根据类型不同分为土建结构、机电设施、其他工程设施等。该菜单提供各类文件上传、下载功能。

2.2.4 改建改造信息

该菜单实现对各隧道的中修、大修、改建、重建信息管理,提供文本信息和文档资料的上传下载功能。

2.3 土建结构养护管理模块功能介绍

该模块主要包括以下9项内容:日常巡查、经常检查、定期检查、应急检查、病害记录、维修派单、维修验收、清洁维护、维护修理。其系统界面如附图 D11 所示。

2.3.1 日常巡查(土建)

土建结构的日常巡查记录功能:新增记录表时,可搜索病害库中位于记录时间之前的"未修复"状态的病害,并自动填入新表格;支持图片、文档等附件上传。

2.3.2 经常检查(土建)

土建结构的经常检查记录功能:新增记录表时,可搜索病害库中位于记录时间之前的"未修复"状态的病害,并自动填入新表格;支持图片、文档等附件上传。

2.3.3 定期检查(土建)

土建结构定期检查记录功能:新增记录表时,可搜索病害库中位于记录时间之前的"未修复"状态的病害,并自动填入新表格;支持图片、文档等附件上传。

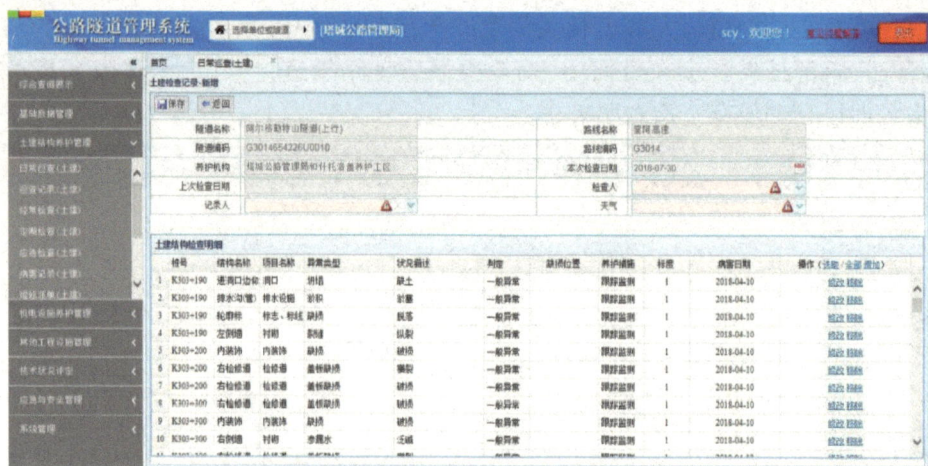

附图 D11 土建结构养护管理模块界面

2.3.4 应急检查(土建)

土建结构应急检查记录功能:新增记录表时,可搜索病害库中位于记录时间之前的"未修复"状态的病害,并自动填入新表格;支持图片、文档等附件上传。

2.3.5 病害记录(土建)

该菜单下存储隧道土建结构的所有病害信息,并根据修复状态自动分为"已修复"病害和"未修复"病害,点击查看进入病害详细界面,有权限的用户可对未处理过的病害执行修复和排除等操作。病害信息的更新来自各类检查(日常巡查、经常检查、定期检查、应急检查),并为各类检查提供病害参考。

2.3.6 维修派单(土建)

维修任务下达人员专属菜单:针对隧道生成维修任务单,可根据派单时间自动从病害库中筛选"未修复"状态的病害自动添加到维修单中供派单人员筛选;保存后自动发送维修单到维修人员账号。

2.3.7 维修验收(土建)

维修任务验收人员专属菜单:针对维修人员接到维修任务单并实施维修后的反馈情况进行维修审核,可根据情况进行通过或驳回处理;通过后,表单中的病害自动转为"已修复"状态,驳回后,需维修人员进一步处理后重新提交反馈,直至通过为止。

2.3.8 维修任务单(土建)

维修任务执行人员专属菜单:维修人员从该菜单获取维修任务单,按照任务单实施维修后进行维修反馈,标示维修单中每一病害的修复情况,并支持维修图片、资料上传,保存后自动提交到维修验收人员的维修验收菜单,等待验收。验收通过则流程结束,已修复病害状态转换为"已修复";若被驳回,则需重新反馈表单信息后再次保存提交,直至验收通过为止。

2.3.9　清洁维护(土建)

公路隧道土建结构清洁维护记录。

2.3.10　维护修理(土建)

公路隧道土建结构保养维护记录:按照《公路隧道养护技术规范》(JTG H12—2015)要求数据项设置,并支持资料上传、下载。

2.4　机电设施养护管理模块功能介绍

该模块主要包括以下9项内容:日常巡查、经常检查、定期检查、故障记录、故障月报、维修派单、维修验收、清洁维护、设备完好率。其系统界面如附图D12所示。

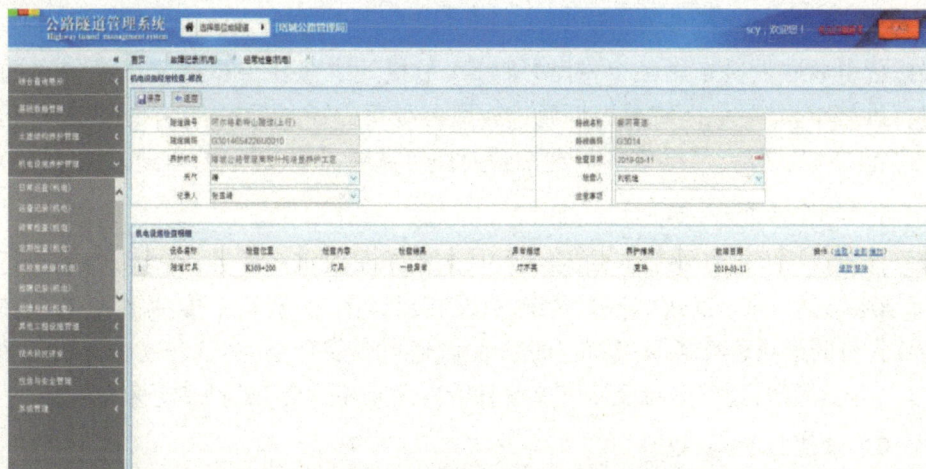

附图D12　机电设施养护管理模块界面

2.4.1　日常巡查(机电)

机电设施的日常巡查记录功能:新增记录表时,可搜索故障库中位于记录时间之前的"未修复"状态的故障,并自动填入新表格;支持图片、文档等附件上传。

2.4.2　经常检查(机电)

机电设施的经常检查记录功能:新增记录表时,可搜索故障库中位于记录时间之前的"未修复"状态的故障,并自动填入新表格;支持图片、文档等附件上传。

2.4.3　定期检查(机电)

机电设施定期检查记录功能:新增记录表时,可搜索故障库中位于记录时间之前的"未修复"状态的故障,并自动填入新表格;支持图片、文档等附件上传。

2.4.4　故障记录(机电)

该菜单下存储隧道机电设施的所有故障信息,对应故障库,并根据修复状态自动分为"已修复"故障和"未修复"故障。点击查看进入病害详细界面,有权限的用户可对未处理过的病害执行修复和排除等操作。故障信息的更新来自各类检查(日常巡查、经常检查、定期检查),并为各类检查提供故障参考。故障信息设置按照《公路隧道养护技规范》(JTG H12—2015)要求进行。

2.4.5　故障月报(机电)

按照《公路隧道养护技术规范》(JTG H12—2015)要求,在用户指定的时间根据故障库中的信息,生成故障月报。

2.4.6　维修派单(机电)

维修任务下达人员专属菜单:针对隧道生成维修任务单,可根据派单时间自动从故障库中筛选"未修复"状态的故障自动添加到维修单中供派单人员筛选;保存后自动发送维修单到维修人员的"维修任务"列表。

2.4.7　维修验收(机电)

维修任务验收人员专属菜单:针对维修人员接到维修任务单并实施维修后的反馈情况进行维修审核,可根据情况进行通过或驳回处理。通过后,表单中的故障自动转为"已修复"状态;驳回后,需维修人员进一步处理后重新提交反馈,直至通过为止。

2.4.8　维修任务单(机电)

维修任务执行人员专属菜单:维修人员从此菜单获取维修任务,实施维修后进行维修反馈,标示维修单中每一病害的修复情况,并支持维修图片、资料上传,保存后自动提交到维修验收人员的维修验收菜单,等待验收。验收通过则流程结束,已修复病害状态转换为"已修复";若被驳回,则需重新反馈表单信息后再次保存提交,直至验收通过为止。

2.4.9　清洁维护(机电)

隧道机电设施清洁维护记录。

2.4.10　设备完好率(机电)

公路隧道机电设备完好率,选择想要查看的隧道并选择起始时间,查询在该时间段内的隧道机电设备完好率。

2.5　其他工程设施管理模块功能介绍

其他工程设施管理请参考本章2.3节相关内容。

2.6　技术状况评定模块功能介绍

该模块主要包括以下4项内容:土建结构评定、机电设施评定、其他工程设施评定、总体技术状况评定。其系统界面如附图D13所示。

2.6.1　土建结构评定

按照《公路隧道养护技术规范》(JTG H12—2015)要求,对指定公路隧道进行土建结构的技术状况评定。保存后即可获得一次评定结果,可多次评定。评定依据土建结构定期/专项检查项目,如公路隧道无此类项目,则无法评定。

2.6.2　机电设施评定

按照《公路隧道养护技术规范》(JTG H12—2015)要求,对指定隧道进行机电设施的技术状况评定。保存后即可获得一次评定结果,可多次评定。评定依据机电设施的设备完好率,因该数据无指定统计范围,系统无法确定;评定时用户需提供机电设施设备完好率,否则无法评定。

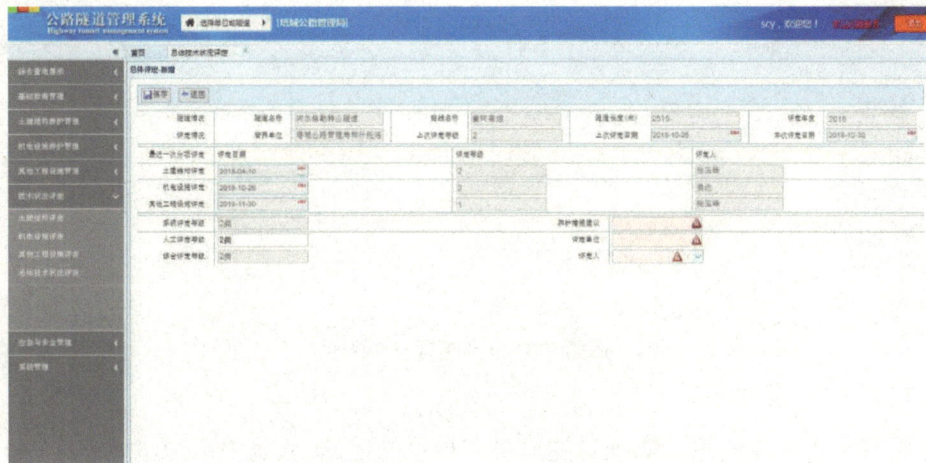

附图 D13　技术状况评定模块系统界面

2.6.3　其他工程设施评定

按照《公路隧道养护技术规范》(JTG H12—2015)要求,对指定隧道进行其他工程设施的技术状况评定。保存后即可获得一次评定结果,可多次评定。

2.6.4　总体技术状况评定

按照《公路隧道养护技术规范》(JTG H12—2015)要求,对指定隧道进行总体技术状况评定。评定依据指定时间点最近的土建结构、机电设施、其他工程设施三个分项评定结果进行,如分项评定结果不全,则无法评定。总体评定等级依据《公路隧道养护技术规范》(JTG H12—2015)第 3 章 3.2.3 规定:"隧道总体技术状况评定等级应采用土建结构和机电设施两者中最差的技术状况类别作为总体技术状况的类别"。

2.7　系统管理模块功能介绍

该模块为管理员模块,普通用户无操作权限(附图 D14)。主要包括以下内容:

2.7.1　模块管理

高级管理员专属模块。实现对系统功能模块的添加、删除、停用、恢复等管理功能。

2.7.2　页面管理

高级管理员专属模块。实现对系统功能模块的子页面的添加、删除、停用、恢复以及页面按钮权限的限制等管理功能。

2.7.3　角色管理

高级管理员专属模块。实现对系统用户角色的设定以及角色权限的分配。

2.7.4　用户管理

系统管理员专属模块。实现对系统用户的账号建立、角色分配、密码管理等功能。

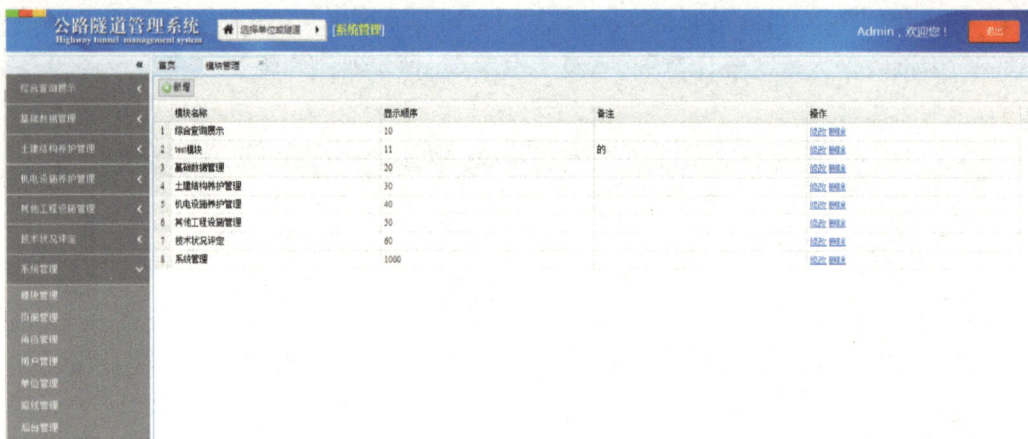

附图 D14　系统管理模块界面

2.7.5　单位管理

系统管理员专属模块。实现对隧道管养单位的信息、从属关系的建立和维护。

2.7.6　路线管理

系统管理员专属模块。实现对隧道所在路线字典的统一管理维护。

2.7.7　通知公告

该菜单项提供通知公告的发布、编辑、查看功能,管理员用户有权限进行通知公告的编辑和发布,普通用户可以接收并查看,未读消息会在首页以弹出窗口的形式进行提示。

2.7.8　系统资料

该菜单项提供对系统资料或者规则制度资料等内容的上传、浏览、下载功能。

第3章　系统操作介绍

3.1　准备

3.1.1　建立组织机构

全新的系统需要建立隧道管养组织机构:

步骤:

(1)管理员账号登录系统—系统管理—单位管理(附图 D15)。

(2)在默认单位"系统管理"的操作区选择"增加下级单位"(附图 D16)。

(3)输入单位名称及备注信息,点击保存,即可添加一个省级单位。

(4)重复(2)、(3)步骤可添加多个省级单位。

(5)在省级单位的操作区域重复(2)、(3)步骤,可添加多个市级单位。

(6)在市级单位的操作区域重复(2)、(3)步骤,添加多个县级单位。

(7)县级单位需添加关联信息,包括隧道路线信息和隧道所在地范围信息。点击县级单位操作区域的"关联信息管理",勾选该单位的管养路线和管养行政区域后保存即可。

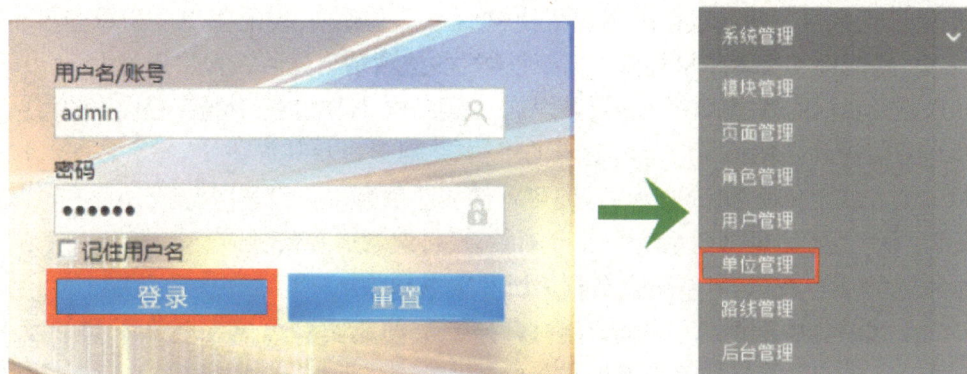

附图 D15　系统建立组织机构(步骤一)

注:管养路线信息在系统管理—路线管理中添加,见3.1.3节相关内容。

3.1.2　添加用户

建立组织机构后,需对所属各个组织机构建立用户。根据隧道管养职能不同,其对应于系统的操作权限也不同。一个单位的用户根据权限和职责不同划分为多个角色,如数据管理、检查检测、维修人员等。角色的设计由高级管

附图 D16　系统建立组织机构(步骤二)

理员在系统建立时已完成,各单位管理员建立用户的角色分配即可。

点击新增,输入用户信息并分配角色和所属单位,建立默认密码,保存即可完成一个用户添加,重复以上步骤,完成所有用户的添加。

3.1.3　添加路线

为减少隧道路线信息维护工作量,系统对路线信息统一管理。添加的路线信息关联到管养单位后,会成为隧道路线选择的字典项。

在系统管理、路线管理中点击"新增",录入路线信息后保存即可完成路线信息的添加,添加后的信息,可在"单位管理"中关联到管养单位(见3.1.1节相关内容)。

3.1.4　隧道信息导入

隧道信息导入可在系统初期建立时快速添加隧道到系统中,见3.2节相关内容。

在基础数据管理、隧道信息导入功能中点击模板文件下载模板文件到本地,在文件中根据提示信息录入完毕后,点击上传文件按钮选择该文件上传到系统;系统会解析文件中的数据并进行数据校验,校验完毕后将校验结果展示在页面中;用户可根据提示信息对未通过验证的数据进行修改和重新提交;全部信息校验通过后,可点击保存数据按钮将全部数据提交到服务器并保存至后台数据库中。

3.2　建立基础数据

除公路隧道信息批量导入外,也可在隧道基础数据中进行单条隧道的录入和修改;

导入的隧道信息可在基础数据的组织机构树形菜单上看到;树形菜单分为管养单位树、行政区树、路线树和搜索结果标签,顶部搜索栏的搜索结果显示在搜索标签中。

(1)选择目标隧道,可填写或查看其识别、土建结构、机电设施、其他工程设施的信息。

(2)上传图片按钮可对应上传隧道的进洞口、出洞口及其他图片。

(3)录入或上传完毕,点击保存,即可存储相应信息。

(4)"新增"按钮可新增系统中没有的隧道,每次增加一条隧道。

(5)按"删除"按钮,可将隧道及相关所有数据删除。

(6)土建结构中部分信息可能存在多个值,如衬砌类型可能在隧道不同节段有差别,此类信息录入时需根据起终点桩号分段录入。

(7)系统中所有桩号数据输入为×××+×××格式录入,录入后均会自动转换为K×××+×××格式。

(8)显示叹号的信息为必填信息,如不填写,将无法保存。

3.3　隧道技术档案管理

(1)选择隧道技术档案菜单,确定目标隧道;

(2)录入表格上部信息;

(3)上传建设、运营阶段的土建结构、机电设施、其他工程设施相关档案文档;

(4)点击保存。

3.4　改建改造管理

(1)选择改建改造信息菜单,确定目标隧道;

(2)新增或对现有信息点击修改;

(3)录入信息,上传文档;

(4)点击保存。

3.5　巡查、检查数据录入

系统对隧道三类设施的日常巡查、经常检查、定期检查以及应急检查均采用同样的处理流程和操作方式,在此统一说明。

(1)选择相应的巡查、检查菜单。

(2)在树形菜单选择目标隧道。

(3)点击新增,打开检查记录新增页面。

(4)输入检查日期并确定(此步骤为必需步骤,不填写日期无法继续);日期输入框下方可选择是否"自动获取此日期前病害记录",若勾选,后续表单中会自动获取该隧道之前录入的符合条件病害。

(5)检查记录表激活,显示隧道基本信息,根据表格,补全表格上部区域信息。

(6)若此前存在检查信息,则工具栏中会显示"复制自上次检查"按钮,点击可将上次检查填写的内容复制到当前表单中;若需要选择更多已有病害,点击"选取"按钮,在列表中勾选添加更多病害记录,点击"全部"按钮将所有病害加载进来。

（7）检查自动获取的病害是否需要在表格中体现，如需就保留，不需要则移除；如自动获取的病害性状已发送改变，可点击修改，打开病害编辑界面对病害进行编辑，支持图片上传。"更新到病害记录"选项默认勾选，保存后会更新所编辑病害的信息到病害记录，以后自动获取的将是编辑后的病害；如不勾选，则该次编辑仅对当前表格生效。

（8）如需在获取到的病害以外再添加新病害，点击操作区域"增加"按钮，打开病害新增界面，与编辑界面操作相同。

（9）所有信息编辑完毕，点击保存，检查记录添加完毕。

（10）病害自动获取是以检查时间为截止日期，搜索病害库中所有处于"未修复"的，且发现时间在截止日期之前的病害，并自动填写在表格中。

病害检索工作原理如附图 D17 所示。

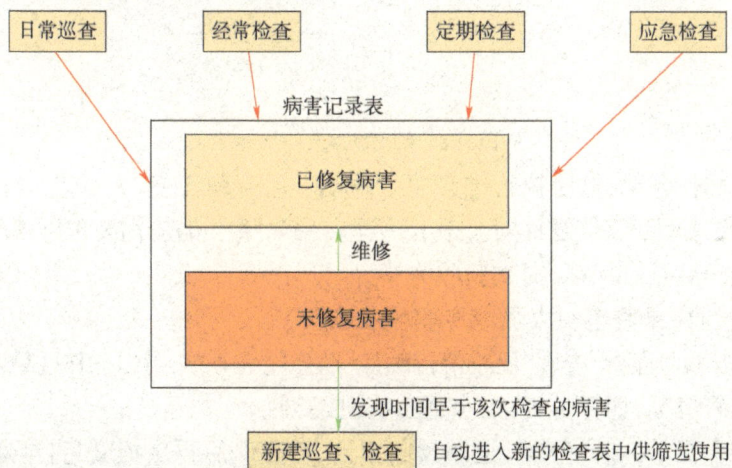

附图 D17　病害检索工作原理

3.6　维修派单与验收

维修任务下达人员可使用系统自动生成维修任务单并派发，维修人员执行维修后提交维修成果并提交验收（附图 D18）。

（1）维修派单（维修组织人员）

①选择维修派单菜单，并在树形菜单选择目标公路隧道。

②点击"新增"，打开新增界面。

③系统自动获取该隧道病害记录表中"未修复"状态病害，无须本次维修的，在操作区域移除。在操作区域可查看病害图片。

④选择维修人并填写项目单号。

⑤选填备注信息，点击保存，返回列表，派单完成。

⑥维修任务单中可查看所有维修单及每一维修单的完成情况。

（2）提交验收（维修执行人员）

①选择维修任务单，查看"已派单待维修"状态的任务单，获取维修任务。

②执行维修（线下）。

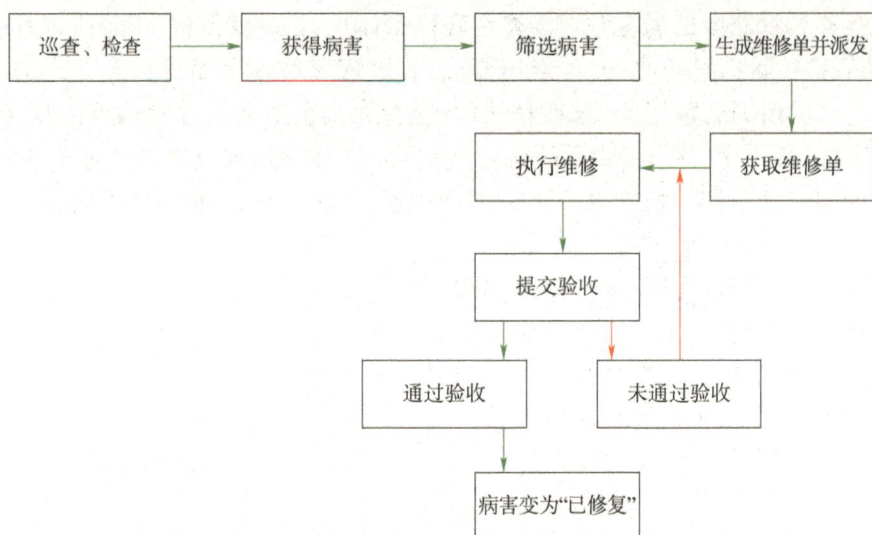

巡查、检查 → 获得病害 → 筛选病害 → 生成维修单并派发 → 获取维修单 → 执行维修 → 提交验收 → 通过验收 / 未通过验收 → 病害变为"已修复"

附图D18　维修派单及验收流程

③选择维修任务单,对已执行维修的维修单点击流程处理。

④点击修复填写病害修复日期,点击图片上传修复照片,若有需要也可填写维修说明。

⑤确认无误后点击保存,提交验收完毕。

（3）维修验收（维修组织人员或专职验收人员）

①选择维修验收菜单,查看"已维修待确认"状态的任务单,点击操作区域"流程处理"。

②查看维修情况,如符合要求,点通过,完成验收。

③如不符合要求,点"驳回",退回验收申请,待整改后再次提交,直至通过为止。

3.7　技术状况评定

3.7.1　土建结构评定

土建结构评定依据土建结构的定期、应急检查。一次检查可多次评定。系统显示土建结构技术状况以最近一次为准。

（1）选择土建结构评定菜单,在树形菜单选择或搜索目标隧道;

（2）在右侧检查列表中选择需要评定的检查项目,点击操作区域"评定"或"重新评定"按钮,打开评定详情页面;

（3）对洞门洞口状况录入评定状况得分,并按需调整分项权重（推荐权重已自动分配）;

（4）对衬砌按需分段,并录入各段各分项的状况值,按需调整"衬砌破损"和"渗漏水"的权重（两项权重和为40）;

（5）系统得出评定得分及等级;

（6）查看系统评定结果,确认是否需要调整权重、状况值及分段信息,按需调整直至满意;

（7）如对系统评定不满意,填入人工评定等级,人工评定等级优先于系统评定等级;

（8）按需使用单选控制指标;

(9)录入养护措施建议、评定人、负责人等信息；

(10)保存,评定完毕。

注:系统共有三类评定结果:系统评定、人工评定、单项指标,人工评定优先级最高,单项指标次之,系统评定最低。

3.7.2　机电设施评定

机电设施评定依据设施的设备完好率,因该值无明确时间范围,系统无法获取,需评定人员提供。机电设施评定不依据定期检查和应急检查项目,可任意添加评定,系统以最近评定为准。

(1)选择机电设施评定菜单,在树形菜单选择或搜索目标隧道；

(2)在右侧评定列表中点"新增"按钮,打开评定详情页面；

(3)录入各分项设备完好率；

(4)系统得出评定得分及等级；

(5)查看系统评定结果；

(6)录入养护措施建议、评定人、负责人等信息；

(7)保存,评定完毕。

3.7.3　其他工程设施评定

其他工程设施评定依据其他工程设施的定期检查和应急检查项目,一次检查可多次评定。系统显示其他工程设施技术状况以最近一次为准。

评定操作与土建结构评定相同,具体参考3.7.1节相关内容。

3.7.4　总体技术状况评定

总体技术状况评定依赖于土建结构、机电设施、其他工程设施的评定结果。根据总体技术状况评定的时间,选取最近的三项评定结果参与评定。

(1)选择土建结构评定菜单,在树形菜单选择或搜索目标隧道；

(2)在右侧评定列表点击"新增",打开评定详情页面；

(3)输入评定日期；

(4)系统根据评定日期,自动搜索日期之前最近的土建结构、机电设施、其他工程设施的评定结果进行总体评定,并得出评定等级；

(5)录入养护措施建议、评定人、负责人等信息；

(6)保存,评定完毕。

3.8　报表生成及导出

参考第2章2.1节相关内容。

参 考 文 献

[1] 中华人民共和国交通运输部.公路工程技术标准:JTG B01—2014[S].北京:人民交通出版社股份有限公司,2015.

[2] 中华人民共和国交通运输部.公路技术状况评定标准:JTG 5210—2018[S].北京:人民交通出版社股份有限公司,2018.

[3] 中华人民共和国交通运输部.公路养护技术规范:JTG H10—2009[S].北京:人民交通出版社,2009.

[4] 中华人民共和国交通运输部.公路隧道养护技术规范:JTG H12—2015[S].北京:人民交通出版社股份有限公司,2015.

[5] 中华人民共和国交通运输部.公路隧道设计规范 第一册 土建工程:JTG 3370.1—2018[S].北京:人民交通出版社股份有限公司,2018.

[6] 中华人民共和国交通运输部.公路隧道设计规范 第二册 交通工程与附属设施:JTG D70/2—2014[S].北京:人民交通出版社股份有限公司,2014.

[7] 中华人民共和国交通运输部.公路隧道照明设计细则:JTG/T D70/2-01—2014[S].北京:人民交通出版社股份有限公司,2014.

[8] 中华人民共和国交通运输部.公路隧道通风设计细则:JTG/T D70/2-02—2014[S].北京:人民交通出版社股份有限公司,2014.

[9] 中华人民共和国交通运输部.公路隧道提质升级行动技术指南[M].北京:人民交通出版社股份有限公司,2019.

[10] 王成.隧道工程[M].北京:人民交通出版社,2009.

[11] 夏永旭.公路隧道运营管理手册[M].北京:人民交通出版社股份有限公司,2017.